大学体育训练教育理论与实践

张敏青 著

中国原子能出版社

图书在版编目(CIP)数据

大学体育训练教育理论与实践 / 张敏青著.—北京：
中国原子能出版社，2020.10（2024.1重印）
ISBN 978－7－5221－1098－1

Ⅰ.①大… Ⅱ.①张… Ⅲ.①体育－教学研究－高等
学校②运动训练－研究－高等学校 Ⅳ.①G807.41
②G808.1

中国版本图书馆CIP数据核字(2020)第215832号

大学体育训练教育理论与实践

出版发行	中国原子能出版社(北京市海淀区阜成路43号　100048)	
责任编辑	胡晓彤	
装帧设计	刘慧敏	
责任校对	刘慧敏	
责任印制	赵明	
印　　刷	河北文盛印刷有限公司	
经　　销	全国新华书店	
开　　本	787 mm×1092 mm　　1/16	
印　　张	12.5	
字　　数	213 千字	
版　　次	2020 年 10 月第 1 版　2024 年 1 月第 2 次印刷	
书　　号	ISBN 978－7－5221－1098－1　　定　价　45.00 元	

网址：http://www.aep.com.cn　　E-mail：atomep123@126.com
发行电话：010－68452845　　版权所有　侵权必究

前言 P_{REFACE}

在新的发展时期,体育训练教育既面临着机遇,也充满了挑战。以往传统的体育训练教学模式已经无法满足当前社会的发展需要,因此进行体育训练教育改革迫在眉睫。在传统的教学模式中,一般都是以教师向学生传授理论知识为主,而缺少学生对于教学内容的实践,长此以往就出现了很多弊端,造成学生在结束体育训练教育理论进入工作岗位后无法胜任体育教师这一职业。因此在这样的背景下,各大院校需基于目前的状况对体育训练教育提高重视,将其提高到一定高度,重新整合与完善这一体育教育体系。

本书分别从体育与健康、大学体育概述、体育锻炼的生理科学基础、体育锻炼的基本原则与方法、常见运动性损伤和运动性疾病、田径运动、球类运动、健美操等方面进行研究与讨论。希望通过本书的介绍,能够为读者在大学体育训练教育理论与实践研究方面提供帮助。

本书由张敏青(浙江理工大学)著。在写作过程中,笔者参考了部分相关资料,获益良多。在此,谨向相关学者师友表示衷心感谢。

由于水平所限,有关问题的研究还有待进一步深化、细化,书中不足之处在所难免,欢迎广大读者批评指正。

著　者

2020 年 10 月

目 录 CONTENTS

第一章　体育与健康

第一节　健康概述

一、身体健康

身体健康是指人体各器官组织结构完整,发育正常,功能良好,生理生化指标正常,没有检查出疾病或身体不处于虚弱状态。

身体健康包含了两个方面的含义,一是主要脏器无疾病,身体形态发育良好,体型匀称,人体各系统具有良好的生理功能,有较强的身体活动能力和劳动工作能力,这是身体健康的最基本的要求。二是对疾病的抵抗能力,即维持健康的能力。有些人平时没有疾病,也没有身体不适感,经过医学检查也未发现异常状况,但当环境稍有变化,或受到什么刺激,或遇到致病因素的作用时,身体机能就会出现异常,说明其健康状况十分脆弱。能够适应环境变化、各种心理生理刺激以及致病因素对身体的作用,才是真正意义上的身体健康。

二、心理健康

随着生活节奏的加快,竞争压力的增大,人们的心理障碍和心理问题也呈现上升趋势,尤其是在经济比较发达、生活节奏快的地区更为严重。在这其中,青少年学生占据很大比例。这几年来,心理学在我国越来越受到关注和重视,获得迅速发展,也正是为了满足这种现实的需要,总之,现代社会应该充分重视心理健康这一领域,而作为一个现代人,也应该充分重视自身的心理健康。

什么是心理健康呢?第三届国际心理卫生大会认为,"心理健康是指在身体上、智能上、情感上与他人的心理健康不相矛盾的范围内,将个人心境发展成最佳状态"。世界卫生组织具体指出心理健康的标志为:身体、智力、情绪调和;适应环境,人际关系中彼此谦让;有幸福感;在工作和职业中,充分发挥自己的能力,过着有效率的生活。可见,心理健康并不仅仅是指没有心理疾病,更重要的是指一种积极的、适应良好的、能充分发展其身心潜能的丰富状态。

三、社会适应健康

世界卫生组织(WHO)在本组织章程序言中指出:"健康不仅是没有疾病和病症,而且是一种个体在身体上、精神上、社会上完全安宁的状态。"那么,"社会上完全安宁的状态"(SOCIAL WELL BEING)指的是什么呢? 它指的是人们的社会行为和社会适应方面的健康。具体来说,就是社会安宁包括以下 5 个方面。

(1)与家庭与亲属的关系。与家庭成员的接触,参与家庭活动的数量和热情,与家庭成员与亲属的亲密程度,性爱的程度等都是社会安宁的重要组成部分。

(2)工作与学习。完成本职工作和学习的积极性和主动性,完成的能力和水平,从工作中和求得知识中得到满足的程度,与同事、同学相互关照的程度。

(3)亲密的朋友和熟人,朋友之间的活动、交往的程度。这一程度包括是否可以达到暴露亲密的感情、坦白自己的秘密和隐私、寻求援助、交流思想、共同完成日常事务等。

(4)社团活动。参加或从属各种社会的体育、娱乐俱乐部、协会、社会组织、宗教团体、政治和公民组织等情况。

(5)其他社会活动。参加体育活动、舞蹈、游戏、戏剧仪式、礼仪活动、音乐演奏,到动物园、美术馆、博物馆一类地方去的情况。

获得和保持社会上安宁依赖于不断地并有规律地和所有年龄的人在日常生活中打交道。这意味着在各种社会、娱乐和消遣活动中向他人付出时间、财富、经验和自身。每一个人要不断发展应承担的义务,包括关心和爱护他人,贡献给他们幸福、康乐和安宁,从他人身上感到责任,在社团里起到社会作用。

第二节　体质与健康

一、体质概述

什么是体质:体质是人体的质量,它是在遗传性和获得性的基础上所表现出来的人体形态、结构、生理机能的综合状况和相对稳定的特征。

体质的含义主要包括以下几个方面。

(一)身体形态发展水平

形态发育主要指体格、体型和姿势等状况。体格指标包括人体的身高、体重、胸围、骨盆宽等;体型是指人体各部分的比例,可通过各种体型指数来评定;姿势是指人的坐、立、跑、走等的姿势,人的姿势主要通过人体脊柱弯曲的程度、四肢和手足的部位等来体现。

(二)生理功能水平

生理功能是指人体在新陈代谢作用下,各器官系统工作的能力。通常以脉搏、血压、肺活量(或呼吸差)等指标进行衡量。具有一定水平的生理功能对提高身体素质,掌握运动技能,提高运动技术水平都具有重要意义。

(三)身体素质和基本活动能力发展水平

身体素质包括速度、力量、灵敏、柔初和耐力等几个方面。基本活动能力是指走、跑、跳、投、攀登、爬越、负重等人体活动能力。人体基本活动能力的发展是建立在身体形态结构、生理功能、身体素质发展的基础上的。

(四)适应能力

适应能力是指对自然环境的适应力和对疾病的抵抗力。人们长期在严寒酷暑以及风、雷、雨等各种气候和环境条件下进行体育锻炼,能改善有机体体温调节能力,从而提高有机体对自然环境的适应力和对疾病的抵抗力,所以人体的适应能力也在一定程度上反映体质状况。

体质所包含的各个方面是相互联系和相互促进的,形成了一个完整的整体。

体质和健康是两个不同的概念,两者之间虽有联系,又有区别。体质是人体的质量,是一切生命的物质基础。健康是指人体各器官系统功能正常,无疾病,并具有良好的心理状态和社会适应能力。由此可见,体质主要从生理学意义上体现健康的特征。体质状况相同的人,其健康却有差异。

二、体能与健康

体能也叫体适能(Physical Fitness),是指身体各器官系统的机能在身体活动中表现出来的能力。体能主要通过体育锻炼而获得。保持良好的体能可以使我们的身体更健康、精力更旺盛、生活更美好、寿命更能延长、生命更有价值。

每个人获得健康都需要有一定的体能,但每个人所需的体能水平不尽相同,一个人良好的体能与其年龄、性别、体型、职业和生理上的缺陷(如糖尿病、哮喘病等)等有关。

一般来说,个体对体能的要求与其活动的目的有关,例如,运动员必须不懈地花大力、流大汗去提高力量、耐力、柔韧和速度等体能,才能提高运动成绩;而普通人只需用一般性的身体活动来维持这些方面的体能,就可以增进健康。另外,即使对同一个人而言,不同的时间、不同的环境所需的体能水平也迥然不一。

良好体能的保持与长期的锻炼密不可分,如果一个人的锻炼半途而废,那么,他的体能水平就不能保持,甚至还会下降。

身体锻炼是提高体能水平必不可少的重要途径。但需注意的是,良好的体能并不是完全靠身体锻炼的就可以达到的,还与科学的饮食方法、良好的口腔卫生、足够时间的休息和放松等方面有关。

体能可分为两类:与健康有关的体能和与动作技能有关的体能。前者包括心肺耐力、柔韧性、肌肉力量、肌肉耐力、身体成分等,后者是指从事运动所需的速度、力量、灵敏性、协调性、平衡和反应等。

(一)与健康有关的体能

▶▶ 1. 心肺耐力

心肺耐力指一个人持续身体活动的能力。心肺和血管的功能对于氧和营养物的分配、清除体内垃圾具有重要的作用,尤其是在进行有一定强度的活动时,良好的心肺功能则显得更加重要。心肺功能越强,走、跑、学习和工作就会越轻松,进行各种活动保持的时间也会越长。

▶▶ 2. 柔韧性

柔韧性是指身体各个关节的活动幅度以及跨过关节的肌肉、肌腱、韧带、皮肤和其他组织的弹性和伸展能力,可以通过经常性的身体练习而得到提高。柔韧性是绝大多数的锻炼项目所必需的体能成分之一,对于提高身体活动水平、预防肌肉紧张以及保持良好的体态等具有重要作用。

▶▶ 3. 肌肉力量

肌肉力量是一块肌肉或肌肉群一次竭尽全力从事抵抗阻力的活动能力,所有的身体活动均需要使用力量。肌肉强壮有助于预防关节的扭伤、肌肉的疼痛和身体的疲劳。如果腹肌力量较差,往往会导致驼背现象。需注意的是,不应在强调某一肌肉群发展的同时而忽视另一肌肉群的发展,否则会影响身体的结构和形态。

》》4.肌肉耐力

肌肉耐力指一块肌肉或肌肉群在一段时间内重复进行肌肉收缩的能力,与肌肉力量密切相关。一个肌肉强壮和耐力好的人更易抵御疲劳的发生,因为这样的人只需花很少的力气就可以重复收缩肌肉。

》》5.身体成分

身体成分包括肌肉、骨骼、脂肪和其他等。体能与体内脂肪比例之间的关系最为密切,脂肪过多者是不健康的,其在活动时比其他人需要消耗更多的能量,心肺功能的负担也更重,因此,心脏病和高血压发生的可能性更大。另外肥胖也会使人的心理健康水平下降,故寿命就会缩短,要维持适宜的体内脂肪,就必须注意能量吸收和能量消耗之间的平衡,体育锻炼是控制脂肪增加的重要手段。

(二)与动作技能有关的体能

(1)速度指快速运动的能力,即在最短的时间内完成某种运动能力,包括位移速度和动作速度。在许多竞技运动项目中,速度对于个人取得优异成绩至关重要。

(2)力量指短时间内克服阻力的能力,举重、投铅球、掷标枪等项目均能显示一个人的力量大小。

(3)灵敏性指在活动过程中,既快速又准确地变化身体移动方向的能力。灵敏性在很大程度上依赖于神经肌肉的协调性和反应时间,可以通过提高这两方面的能力来改善人的灵敏性。

(4)神经肌肉协调性主要反映一个人的视觉、听觉和平衡觉与熟练的动作技能相结合的能力。在球类运动中,这种体能成分显得尤为重要。

(5)平衡指当运动或静止站立时保持身体稳定性的能力。滑冰、滑雪、体操、舞蹈等项目对于提高平衡能力是很好的运动,闭目单足站立练习也有相当好的效果。

(6)反应时指对某些外部刺激做出生理反应的时间。反应快速是许多项目优秀运动员的特征,特别是在短跑的起跑阶段,反应时的作用更大。

与健康有关的和与动作技能有关的体能成分有重叠之处,例如,心肺耐力、肌肉力量、肌肉耐力、柔韧性和身体成分等体能成分,无论是对健康还是对技能性要求较高的运动都是十分重要的。但是,从事不同活动的人对体能的每一成分发展程度的要求是不一样的,要达到较高的、与动作技能有关的体能水平,就必须使上述的每一成分都得到充分的发展。

当设计一种提高体能的锻炼方案时,首先应确立自己的目标,然后选择那些最终有助于达到目标的体能成分进行针对性地练习。例如,一个55岁的人要达到良好体能的目标可能在某些方面与一个想在体操项目比赛中成功的16岁的年龄运动员相同,但他们在发展体能的成分方面完全不一。55岁的人更关心像心肺耐力、柔韧性、肌肉耐力和身体成分等与健康有关的体能成分,在这四个方面的改善会使其精力充沛地从事每日的活动任务。相反,16岁的体操运动员不但要重视上述四个成分的发展,而且更要提高力量、速度、平衡和灵敏等体能,如果不特别重视这些体能成分,他就不可能在比赛中取得好成绩。

以往,我们对体能的概念并不清楚,我们更不知道与健康有关的体能和与动作技能有关的体能有什么区别,这也是我们在体育教学中虽也重视学生的身体素质练习,但学生的体质和健康水平并没有提高的原因之一。今后,我们的体育课程如果真正从增进学生的健康考虑,我们就应该有针对性地侧重发展学生的与健康有关的体能。

第三节　体育活动对增进学生健康的作用

众所周知,体育活动对增进学生的身体健康有积极的作用,但体育活动对改善学生心理健康和社会适应能力的作用我们的学生还并不十分清楚。实际上,体育活动既是一种身体活动,也是一种心理活动和社会活动,因此,体育活动既能促进学生的身体健康,也能改善学生的心理健康和社会适应能力。虽然,以往的体育教学也谈通过体育教学增强学生的意志品质,培养学生的合作精神,但只是谈谈而已,只是一种口号,并没有在体育教学中得到具体的落实。今后,体育课程更要注意有意识地通过体育教学的手段和方法改善学生的心理健康和社会适应能力。

一、体育活动对学生身体健康的影响

(一)体育活动对运动器官的作用

人体在进行走、跑、跳、投、举重物等各种体育活动时总会发生身体与外界环境以及身体各部位之间位置上的变化。这些变化是以肌肉收缩为动力、以骨为杠杆，以关节为运动轴才能发生的。所以，我们把人体的肌肉和骨骼（骨与关节）称为运动器官。

正常成年人共有 200 多块大小骨头，连同关节组成人体的骨骼，骨骼起着支撑人体和保护脑、脊髓、心肺等内脏器官的作用。骨除了有造血功能外，还具有抗弯、抗断、抗压的特征。经常参加体育锻炼能加快骨的生长。骨骼的生长发育直接影响着人体的高度和宽度形态。骨是在建造与破坏的对立统一中长粗的，骨髓腔内破骨细胞不断地破坏与吸收骨质，使骨髓腔扩大，骨膜内的选骨细胞又不断地制造骨质使骨加粗。青少年时期，骨骼尚未完全骨化，有许多软骨存在。在长骨的骨骺与骨干之间存在着软骨叫骺软骨，骺软骨不断增生和骨化，使骨的长度不断增加，大约到 25 岁以后，骨化过程停止，骨不再增长。青少年时期骺软骨生长速度很快，尤其以四肢更为明显。体育锻炼能加强血液循环和新陈代谢，从而促进骨的生长发育，骨长得更长更粗。X 线观察证实，投掷运动员的掷臂，网球、乒乓球运动员的握拍臂，其肱骨均比对侧粗大，这些特征都说明了与经常的运动有关。据有关资料显示：经常参加体育锻炼的青少年比同年龄组的青少年身高平均高出 4～7 cm，所以，体育锻炼能使青少年长得更高更宽、形体更美，此外，经常参加体育锻炼的人，由于骨密质的增粗，骨小梁的排列会根据压力和张力的变化更整齐而有规律，关节厚度、可压缩性、接触面的增加，结缔组织和细胞间质的营养性肥大，肌腱和韧带体积的增大，因此，能增强骨的抗弯、抗断和耐压能力。青少年时期若长期伏案作业而又缺少体育锻炼则不利于骨骼的正常发育，甚至导致骨骼的畸形发展。所以体育锻炼和保持正确的行走、站立和坐的姿势对骨骼的良好发育起重要作用。

人体的肌肉共有 500 条块，分布在人体的各个部位。位于骨骼上的肌肉叫骨骼肌。每块骨骼肌由肌束群组成，每条肌束包含有上千根肌纤维（即肌细胞）。人体内的肌纤维数量在出生后 4～5 个月就固定下来，以后不再变，但其粗细在一定条件下是可以发生变化的。经常从事体育运动能使肌纤维变粗，体积增大。有训练的男子可增长 4 cm 或更多，女子约增长 0.6 cm，因此显得体魄健壮、结实、匀称有力。体育锻炼还能使肌肉中的肌糖原、肌红蛋白等基本物质的含量有所增加，从而提高肌肉的收缩能力。由于肌红蛋白具有与氧结合的作用，所以肌红蛋白的增加又有利于增加肌肉内氧的贮备量，使肌肉在供氧不足的情况下提高持续工作能力。体育锻炼还能使原动肌、协同肌和对抗肌之间的功能发挥趋向于更协调、更精确、能量更节省，肌肉工作时间增加，效率提高。所以，体育锻炼是增强肌力，提高肌肉收缩速度,并使肌肉具有长时间工作能力的有效手段。

(二)体育活动能改善呼吸系统的功能

人体的一切活动都需要消耗一定的能量,这些能量都来自各种营养物质,而这些营养物质要转化成供机体活动的能量,必须经过氧化,并产生二氧化碳。人的全部生命活动不能离开氧气,同时,也不能不把二氧化碳排出体外。人不断从外界摄氧,又不断从体内排出二氧化碳,这一过程称为呼吸。呼吸是一种气体交换过程,这种交换在体内有两个部位,一个部位在肺部,叫外呼吸,一个部位在细胞和组织液间,叫内呼吸。呼吸系统包括肺和呼吸道,气体交换主要在肺内进行。呼吸时,胸腔扩大和缩小的动作称为呼吸运动。

人体在体育锻炼过程中,由于机体的紧张工作,使呼吸加深加快,更主动,会吸进更多的氧气,排出更多的二氧化碳,从而使得肺活量增大,残气量减少,肺功能增强。经常运动能增强呼吸肌的力量和耐力,胸廓活动扩大。一般人在做深呼吸时胸围只比深呼气时多5~7 cm,而经常锻炼的人则多7~11 cm,运动员可达9~15 cm。经常锻炼的人安静时的每次呼吸量要比不经常运动的人来得多,而每分钟的呼吸频率却比一般人少,呼吸深而慢,每分钟8~12次甚至更少,这也是由于胸廓活动范围扩大的结果。我们常常用肺活量作为衡量肺功能的指标。所谓肺活量是指人体尽全力吸气后再尽全力呼出气体的总量。据1985年对我国学生体质健康的调查结果显示:我国汉族男大学生的肺活量平均值为4 200 mL,经常参加体育锻炼的人肺活量可增加到5 000 mL,游泳和划船运动员高达7 000 mL左右。

(三)体育活动能改善神经系统的功能

人类在生活、劳动和体育运动中,通过运动器官与内脏器官的协调活动,实现各种复杂的生活、劳动和运动技能,而这些技能的获得和熟练都是通过实践在中枢神经系统作用下日益完善的结果。

反射是神经系统对机体实现调节功能的基本活动形式,来自人体内外环境的各种刺激作用于人体表面或内脏的各种感觉神经末梢即感受器,感受器便产生兴奋,兴奋沿着感觉神经(传入神经)传入中枢神经系统,引起神经中枢的兴奋,并进行综合分析,再发出兴奋冲动,沿运动神经(传出神经)传到分布在人体表面和内脏的运动神经末梢装置即效应器,机体就产生各种行为或内腔器官活动的变化,对内外环境刺激做出应答性的反应,这就是反射活动。

经常参加体育锻炼能使神经系统的形态结构和机能得到更好的发展。研究证明长期用左手能发展大脑右半球的优势,体积比左侧半球大,长期用右手使大脑左半球占优势。由此可见,运动能促进神经系统发达。从刺激作用于感受器起,到效应器开始活动时止,所经历的时间称反射时,经常参加体育锻炼能缩短这个过程所需要的时间,动作就显得敏捷。经常参加体育锻炼,能改善血液循环的机能,向大脑输送更多的血液,提高大脑工作的持久性和稳定性。经常参加体育锻炼还能提高感觉器官的功能。感觉器官是接受信息的器官,如足球运动员视野大,不仅观察的范围大,而且观察得细,也就是观察能力强,有利于更正确、全面地把信息送往大脑皮质进行综合分析。此外,运动对提高空间、时间感觉和本体感觉都有明显的作用。

(四)体育活动对心血管系统的影响

心血管病是当今世界上危及人类生命的头号杀手,据报道,在美国每死去的两个人中就有一个是心血管病,在我国,死于心血管病的亦居首位。大量研究表明,经常参加体育锻炼可促进人体的心血管系统结构发达,从而显著地降低心血管病形成和发生的危险性。例如经常参加长跑、足球、篮球、游戏等体育运动,就能使心血管系统的结构和机能得到明显改善。

心脏的跳动是血液循环的直接动力,而体育运动对心脏活动的影响极大。激烈运动时,机体消耗的能量大,大量储存在肝脏、脾脏中的血液进入血管,肌肉中的毛细血管大量开放(比安静时增加 30 多倍),血液循环速度加快,这样就大大增加了心脏工作的负担量,如,心跳频率加快,每分钟可达 160 次～170 次,甚至更多,每搏输出量可由安静时的 50～70 毫升提高到 150～200 毫升,每分输出量也大大增加等。这样必然使心血管系统的结构和机能发生一系列的变化。例如,①心脏纤维变粗,重量增加,心脏直径扩大,容量扩大。我们常把这种变化称为心脏运动性肥大。②心脏功能提高。脉搏是衡量心脏功能的指标之一。正常人安静时的脉搏每分钟约在 70～75 次,青少年的脉搏高些。经常参加体育锻炼的人可使脉搏频率降低,优秀运动员甚至可以降低到 40～50 次/分。这是心脏收缩强而有力的表现,增加了每搏输出量,所以心脏心率的频率减少。正常人安静时的每搏输出量约 50～70 毫升,每分输出量约为 3.5～5.25 升。经常锻炼的人安静时的每分输出量和一般人没有什么区别,但由于安静时的心跳频率比一般人少,说明每搏输出量大,约达 100 毫升。在机体承担一定强度的负荷时,经常参加体育运动的人会表现出迅速动员心血管系统的功能,以适应运动活动的需要,并能发挥心血管系统的最大机能潜力。由于经常锻炼,血管弹性度增大,这有利于血液的回流,保证心室的每搏血输出量,心脏不易疲劳,运动后恢复快。

(五)体育活动会提高消化系统的功能

体育锻炼会增强体内营养物质的消耗,使整个机体的代谢增强,从而提高食欲。此外,体育锻炼还会促进胃肠蠕动和消化液分泌,改善肝脏、胰腺的功能,从而使整个消化系统的功能得到提高,为人的健康和长寿提供良好的物质保证。

(六)体育运动对内分泌免疫功能的影响

适宜的体育运动可以调节内分泌活动,提高人体的免疫功能。但若运动不适宜,如运动强度过大或运动时间过长,则可破坏人体的免疫系统,使免疫功能下降。总之,长期坚持适宜体育锻炼,可以有效地提高人体的免疫能力,促进身体健康。

总之,"生命在于运动",健康必须锻炼。在生活中人们通常用"活动、活动"来表示锻炼,从某种意义上讲,就是说要活就得动。但是,人们在说这话时并不知道:"运动也可危害健康!"这是为什么? 我们人体在运动过程中,机体会产生一系列生理、生物、信息变化反应,这一变化的结果就可以增进健康,也可以危害健康。因此,世界卫生组织把增进健康的锻炼称之为"安全阀",下限为安全界限,上限为显效界限(提高成绩)。

什么是"安全阈":美国运动医学学会近年来研究表明,保健运动适宜的运动负荷为个人最大负荷的 60%,也就是说一般脉率控制在 130 次/分左右,每次锻炼 20~60 分钟,每周 4 次以上。主要原因是人体在直立位时,脉搏在 130 次/分左右时,心脏每搏输出量是最大的。美国卫生保健专家库伯也曾研究报道过,心脏每搏输出量最大的时候,也是心脏锻炼效果最好的时候。因此,锻炼的"安全阈"就以心脏每搏最大输出量的运动负荷来定。

二、体育活动对学生心理健康的影响

(一)体育运动能改善情绪状态

情绪状态是衡量心理健康的最主要的指标。情绪为客观事物与人们的需要的关系所决定。如果来自客观世界的刺激满足人的某种需要,就会引起愉快的情绪体验。反之,妨碍与干扰需要的满足过程,就会引起不愉快的情绪体验。虽然情绪是一种主观的体验,但它是客观事物的反映,来自客观世界的刺激越丰富,引起的情绪体验就越多,越强烈和越复杂。体育运动本身蕴藏着很多对人的各种刺激,如克服困难、竞争、冒险、把握机会、追求不确定结果、达到目标、控制、成功、挫折等,这些都能相应引起人的各种情绪体验。因此,通过丰富多彩的体育活动可以使个体在情绪体验中受益,改善情绪状态,转移不愉快的意识、情绪和行为,使人从烦恼和痛苦中摆脱出来。

(二)体育运动能较有效地培养意志品质

意志品质是指人的果断性、坚韧性、自制力以及勇敢顽强和主动独立等精神。意志品质既是在克服困难的过程中表现出来,又是在克服困难的过程中培养起来的。由于体育运动是在学习、锻炼以及反复练习过程中不断追求,克服来自主观困难(如胆怯和畏惧、疲劳和运动损伤等)和客观因素(如气候条件的变化、动作难度或意外的障碍等),在克服各种困难中磨炼意志、增强自信心和自制力,这样就能培养青少年自强、自信、自尊、自重、勇敢、顽强和拼搏性格,形成良好的意志品质,并能将之迁移到日常生活、学习中去。

(三)体育运动能较好地消除疲劳

疲劳是一种综合性症状,与人的生理和心理因素有关。青少年学生在持续紧张的学习过程中,其身心负荷压力过大,或是情绪消沉的情况下,会很快产生身心的疲劳。这种疲劳易造成神经衰弱。而经常参加适量的体育活动,也称积极性休息,比消极性休息(如静坐等),对消除疲劳,保持良好的情绪状态都有更好的效果。

(四)体育运动对个性发展的影响

人的个性一方面受先天遗传因素的影响;另一方面更主要是受后天环境的培养锻炼。体育运动对个性的发展有着不可忽视的作用。有关研究表明,对体育运动有很大兴趣的人,在性格特征是比对体育运动兴趣低的人更显示出积极的、外向的和很少有神经官能症倾向的特点。从某种程度上说,体育活动对于青少年是一种不受约束的活动,有一种轻松自在的感觉,即使是在游戏和活动中需要遵守一定的纪律和规则,需要一定的意志力也完全出自自主和自觉。这有利培养学生的主体感和自主性,有利于创造一种学生自我设计的环境,并使他们获得一种满足感,看到自己的能力和成果,提高他们的自信心和进取心,从而使学生的独立性和社会性得到更好的发展。

(五)体育活动能有效地治疗心理疾病

体育活动已经被公认为是一种良好的治疗心理疾病的方法。美国的一项调查显示,1 750名心理医生中,80%的人认为体育活动是治疗抑郁病的有效手段之一,60%的人认为应将体育活动作为一种治疗方法来消除焦虑症。

过去几十年的体育教学中,尽管我们也把发展学生的心理健康作为教学目标之一,但在实际的教学中只是一种副产品,体育教学的任务主要还是体现在掌握"三基"和增强体质。现代体育教学已经把增进学生的心理健康作为体育课程教学内容的重要组成部分,并且在实际的教学过程中予以贯彻和落实。

三、体育活动对培养学生社会适应能力的作用

学生从事体育活动并接受体育教育,既增强体质、锻炼了意志、陶冶了情操,又培养了交往、合作和竞争意识,这对提高青少年的社会适应能力具有特殊重要的意义。

(一)体育活动有助于人际交往

人际交往是指社会活动中人与人之间进行信息交流和情感沟通的联系过程。体育活动能增加人与人接触和交往的机会。通过参与体育活动,在与人交往过程中,可以消除寂寞和孤独感,解除烦恼和痛苦。并逐渐培养与人和协相处的能力。有研究表明,外向性格者比内向性格者的社会交往需要更强烈,而这种社会需要通过体育活动(球类、跳舞等集体性活动)可以得到满足。性格内向者更应该参与集体性体育活动,使个性逐步得到改变。

研究表明,个体坚持体育锻炼的一个重要原因是为了与他人交往或参与群体活动。布拉尼认为个体参与群体活动可增加群体认同感、社会强化、刺激性及参与活动的机会。参与体育活动者要比中途退出者更能与他人形成亲密的关系。

女性坚持体育锻炼似乎更与体育活动的社会特征有关。美国有一项研究显示,62%的女性喜欢与朋友一起进行锻炼,而男性只有26%。25%的女性和18%的男性认为,与同伴一起练习是自己坚持体育锻炼重要原因之一。斯蒂芬等人研

究表明,在他们所调查的加拿大测试中,18％的女性和12％的男性认为,不与他人一起练习就会阻碍自己继续参加活动。此外,35％的女性和24％的男性将社会交往看成是坚持体育锻炼的重要原因。一些研究认为,青少年参与运动的程度与家庭成员、好朋友的参与运动程度紧密相关;好朋友的参与运动程度比家庭成员的参与程度更能影响青少年参与运动的程度。

由此可见,体育锻炼不仅能促进人的社会交往活动,而且体育活动的社会交往特性又会吸引人参与和坚持体育锻炼。

(二)体育活动有助于培养学生的合作精神

合作是建立在团体成员对团体目标的认识相同的基础上,在合作的社会情景中,个人所得有助于团体所得。合作的优越性体现在个人与他人一起工作时所获得的社会效益,如增加交流、相互信任等。在一些相互依赖性的任务(如篮球运动等)中,合作会使活动变得更为有效,因为团体要获得成功,团体成员就必须相互协作、共同努力。

现代社会需要具有合作精神,一个人的力量微不足道,一个人要想在社会中取得成功和成就,就需要与他人合作,需要得到他人的帮助,孤军奋战,难成大业。

合作能力既是体育活动参与者必备的素质,也是通过体育活动需要发展的能力。从事体育活动,特别是从事集体性的体育活动,需要个体与他人通力合作,这不但使集体的目标得以实现,而且个人的作用也能充分地发挥。

经常性地参加体育活动,特别是参与集体性的体育活动,有助于个体加强合作意识,有助于个体培养团队精神。

(三)体育运动有助于培养青少年的竞争意识

竞争是体育运动的主要特征之一。现代社会竞争越来越激烈,通过体育活动培养青少年学生的竞争意识和能力,有助于他们走出校门,走向社会后能更好地适应社会。

在体育运动的各种竞赛中,既有对自己运动能力的挑战,也有与他人的争胜;既有人与人之间的竞争,也有团体与团体之间的竞争,这是体育运动的本质特点和吸引力所在。因此,经常投入到体育活动这种竞争环境中,对培养和锻炼人的竞争意识具有重要的意义。但值得注意的是,在运动中与他人竞争时,要有良好的体育道德,争胜主要是靠自己的能力,而不是通过不择手段的伤害他人来达到,要通过竞争来培养自己积极进取、顽强拼搏的精神。

第二章　大学体育概述

第一节　体育的概念与功能

一、体育名词

(一)养生

中华民族特有的文化瑰宝,是我们祖先在漫长的社会活动实践中逐步认识、积累、创造和丰富起来的旨在提高人们身心健康水平,提高生命质量,使生活过得更加美好、充实而有意义的炼身法。

(二)导引

像如今所说的古代保健体操,如在湖南长沙马王堆三号墓出土的一幅西汉时期的帛画——"导引图"中描绘了不同性别,年龄的人做直臂、下蹲、收腹、弯腰、扭腰、呼吸等各种动作达 40 多种。

(三)体育(狭义的)

也称学校体育,其本义是指以身体活动为手段的教育,直译为身体的教育,是通过身体活动,增强体质,传授锻炼身体的知识、技能、技术,培养道德和意志品质的有目的、有计划的教育过程。它是教育的组成部分,是培养全面发展的人的一个重要方面。

(四)体育运动

用于增强身体素质的各种活动。内容丰富,有田径、球类、游泳、武术、登山、滑冰、举重、摔跤,自行车等项目。

(五)体育(广义的)

体育是一种社会现象,是根据人类社会生产和生活的需要,依据人体生长发育、动作技能形成和机体机能提高的规律,以身体练习为基本手段,配合自然因素(水、日光、空气)和卫生措施,达到发展身体、增强体质、提高运动技术水平、丰富社会文化生活的一种有意识、有目的、有组织的社会活动。我们国家也常用体育运动表示广义的体育。

二、体育的组成

广义的体育由三个部分组成,即学校体育、竞技体育和社会体育。它们共同点都是以身体练习为基本手段,都是身体直接参与运动;都是要求全面发展身体,提高有机体的机能能力;在全过程中都有教与学的因素,且在学习内容和手段上有许多是共用的,如篮球、排球、体操等项目,既是竞技运动,设有国际比赛,同时,又常作为体育教学、身体锻炼和娱乐的手段。然而它们又存在着目的、形式和方法等方面的不同。

(一)学校体育

学校体育也称体育教育,它是教育的组成部分,与德育、智育、美育相互联系,密切配合,是培养全面发展人才的一种重要手段。其特点是有目的、有计划、有组织地促进身体全面发展、增强体质,传授体育知识、技术、技能,培养道德和意志品质的一个教育过程,有强身健体的作用。

(二)社会体育

社会体育是以健身为主要目的,兼有医疗、卫生、休闲娱乐作用的体育锻炼。其特点是形式灵活,可集体、可个人,也可竞赛,内容多样、动作轻缓,要求因人而异,可自愿参加。

(三)竞技运动

最大限度地发挥个人与集体的各方面潜能,为攀登运动技术高峰,以取得优异运动成绩为目标,而进行的科学的、系统的训练和竞赛,其特点有:高超技艺、富有竞争性、统一的规则。是一种献身运动,为了取得优异的成绩,运动员往往要献出青春和热血,所获得成绩得到社会承认,取得社会荣誉,可构成一个国家和民族的一种重要财富。

以上三个方面虽存在着目的、形式和方法等方面的不同,但它们又是相互联系,是既有区别,又相互渗透的一个整体。

由此可知,由以上广义体育的组成来看,衡量一个国家体育运动发展水平的标志应当是多方面的,而不应当是单方面的。诸如:国民的体质和健康状况;群众体育普及的程度(包括人们对体育的认识、态度、经常参加身体锻炼的人数和时间的多少等);体育科学研究的成就和水平,体育的方针、政策、制度、措施的制定和执行情况,各种体育场地、设施状况;体育运动技术水平和最好成绩等。

三、体育的功能

随着社会的发展,科学技术的进步和社会生产力的提高,人类需要层次的提高,体育的功能也从单一的健身功能而拓展到社会的各个领域。体育的主要功能大致有以下几个方面。

(一)体育的健身功能

强身健体是体育最重要的本质功能。体育是以身体运动为基本表现形式,通过适量的身体锻炼,给予人体各器官系统以一定强度的刺激,使人体的形态结构、生理机能和生物化学等方面发生一系列适应性反应,从而对身体产生积极影响,促进身体健康,增强体质,通过科学的锻炼,促使人体的形态结构和内脏器官系统的机能状态得到改善,使这些系统工作的器官,在结构上发生变化,在功能上得到加强,从而增强了人的体质,提高机体抵抗疾病的能力和对外界环境的适应能力,因此具有强身健体、强国强种、调节身心、防治疾病和延年益寿的良好作用。

(二)体育的教育功能

体育是伴随着教育的产生、发展而出现的,是教育的重要组成部分。它的教育功能是显而易见的。从学生受教育过程看,从中小学,甚至从幼儿园教育开始一直到大学二年级都在开设体育课程,学段长,年龄跨度大,在这期间是对学生传授体育基本理论知识、掌握必要的技能、学会科学锻炼身体的方法、增强体质、提高运动实践能力和养成体育锻炼的良好习惯的最佳培养时期。

尽管世界各国的社会制度,政治观点和意识形态不尽相同,但凡从事教育的,无不十分重视发挥体育在教育中的作用,由于体育具有活动性、技艺性、竞争性、群聚性、国际性和礼仪性,它作为一种传播体育价值观的载体,在激发爱国热情、振奋民族精神及培养社会公德等方面的教育功能是体育的其他社会功能所无法比拟的。大家都会有这样的体会：当我国的运动健儿在世界体坛上勇夺桂冠，频频升国旗、奏国歌，作为国人的自己感到何其自豪、光彩。其间激发人们的荣誉感、责任心、集体观念、民族意识和奋发图强的进取精神，产生了不可低估的社会效应。

（三）体育的娱乐功能

体育的内容是人们在生活、劳动、休闲和娱乐的过程中产生和发展起来的。它除了满足人们的运动要求外，也满足了人们的精神需求。现代社会中，一方面生活节奏加快，上班时间的工作和劳动强度加大；另一方面，余暇时间增多，如何度过余暇已成为人们所关注的社会问题。在余暇生活中，参与体育活动和观赏体育竞赛，可以消除疲劳，促进身体健康，愉悦身心，陶冶情操，培养高尚的品格，并获得积极性的休息。

应该指出，体育与娱乐是两个相互联系又有区别的范畴，目前已有迹象表明，娱乐为了更有效地发挥自身的作用，已开始加快向体育领域渗透的步伐，使一些娱乐项目逐渐向运动项目转化。人们为领略生活乐趣，逐渐将注意力转向娱乐体育时，标志着体育已悄然向消遣形态转移，从而使现代体育的娱乐功能不断扩大，作用变得更加突出。

（四）体育促进人的社会化功能

人的各种基本生活技能如最简单的坐、爬、立、走、跑、跳、攀登、搬运等都是靠后天学会的。体育运动是人们获得这些基本活动的重要途径。人类从其初生婴儿的被动体操、幼儿园中游戏活动到入学后小、中、大学的体育课和课外体育活动，都有助于他们掌握更多的基本技能。

由于体育具有动态的特点，决定了人们必须置身于社会群体之中，在从事体育锻炼中，总要和志同道合的朋友一起交流健身的方法和体会，有的是拜师求教，有的是收徒授艺，有的是同场竞技，在与同伴之间或与对手之间的、感情交流，技艺与体力的较量的同时，达到了相互了解、增进友谊和促进团结的目的。

人在体育活动中，特别是竞赛中，对参加者提出思想和品德方面的严峻考验，当发生疲劳酸痛时能否坚持下去；在对抗性的比赛中，遇到对方的犯规时，是不予计较还是"以牙还牙"；当裁判误判时，是大方宽容还是斤斤计较；当比赛失利时，是相互鼓励，还是彼此抱怨，所有这些都是自我教育或接受教育的良好契机，是青少年在社会实践中,学会处理人际关系,养成遵守社会规范的一种强化。

体育竞赛能有效地培养人们的竞争意识和团结协作精神。没有强烈的取胜欲望和良好的团结协作精神,在体育竞赛中不可能取得胜利。人类现实社会是一个充满着激烈竞争的场所,需要团结和协作精神。体育竞赛,特别是在集体项目的竞赛过程中,要想取得胜利,既要有力争胜利的顽强竞争意识,又要懂得与同伴和队友的团结协作,才可能达到目的。而体育的这种"模拟社会"的功能,是体育运动所独有的。

(五)体育的政治功能

由于体育从形式上可以超越国度,超脱政治制度和语言障碍,往往成为外交活动的先行手段。由于体育活动本身有自己的完整规则,生动活泼的内容,引人入胜的比赛,是各国民间友好交往,民族之间相互交流的重要手段和内容。

然而,体育的政治功能是不以人们的意志为转移的。体育与政治不可避免地要紧密联系在一起,任何国家出于政治的需要,都要求体育服从政治,也利用体育对政治的影响。

体育为本国外交政策服务所起的政治作用也是人们所熟知的。中国的"乒乓外交",用和平的方式促使中美关系正常化,即所谓"小球推动大球",成为外交史上的一段佳话。

(六)体育的经济功能

随着科技的发展,人们生活水平的不断提高,人们越来越离不开体育,尤其是冷战时代的结束,奥林匹克的鼎盛发展,竞技体育出现了前所未有的繁荣,各国不惜花费重金开展竞技体育,争办奥运会赛事。竞技体育迅速成为一个国家国力的象征。在经济相对发达的国家和地区,体育商业化更为突出,进入 20 世纪 70 年代,在北美及欧洲多数国家,体育完全成为一个可与国民经济多数部门相提并论的行业,成为国民经济中一个举足轻重的部门。

进入 90 年代,在发达国家和新兴的发展中国家中,由于经济大气候的恶化,多数产业发展速度放慢或停滞不前时,而体育产业却逆势而上。

借助举办大型国际赛事来拉动经济增长或刺激经济复苏也是各国争办赛事的动力。早先,体育产业并不能给国家经济带来什么效益,因而被人们认为是纯消费的赔本买卖。

四、学校体育

学校体育是学校教育重要组成部分,是全面贯彻党的教育方针的一个重要方面,也是国民体育的基础。对培养社会主义建设人才,增强民族体质,建设社会主义精神文明,负有重大的使命。

(一)体育在学校教育的地位

改革开放以来,我国出台一系列的政策法规,对体育在学校教育中担负着特殊的任务和所处的重要的地位有了明确规定。

(1)第八届人大三次会议通过的我国教育法第五条规定的教育方针:教育必须为社会主义现代化建设服务,必须与生产劳动相结合,培养德、智、体等方面全面发展的社会主义事业的合格建设者和可靠接班人。

(2)体育法第五条:国家对青少年儿童的体育活动给予特别的保障,增进青少年儿童的身心健康;第十七条:教育行政部门和学校应当将体育作为学校教育的组成部分,培养学生德、智、体等方面全面发展的人才;第十八条:学校必须开设体育课,并将体育课列为考核学生学业成绩的科目。

(3)全民健身计划纲要:第三条第 7 款:全民健身计划以全国人民为实施对象,以青少年和儿童为重点,各级各类学校要全面贯彻党的教育方针,努力做好学校体育工作;全民健身《一二一启动工程》的内容:每所学校保证学生每天参加一小时体育活动,每年组织学生开展两次郊游活动,学生每年进行一次身体检查。

(4)《中共中央、国务院关于深入教育改革,全面推进素质教育的决定》指出:"实施素质教育,必须把德育、智育、体育、美育等有机地统一在教育活动的各个环节中。学校教育不仅要抓好智育,更要重视德育,还要加强体育、美育、劳动技术教育和社会实践,使诸方面教育相互渗透、协调发展,促进学生的全面发展和健康成长。""健康体魄是青少年为祖国和人民服务的基本前提,是中华民族旺盛生命力的体现。学校教育要树立健康第一的指导思想,切实加强体育工作,使学生掌握基本的运动技能,养成坚持锻炼身体的良好习惯。确保学生体育课程和课外体育活动时间,不准挤占体育活动时间和场所。举办多种多样的群体性体育活动,培养学生的竞争意识、合作精神和坚强毅力。地方各级人民政府要统筹规划,为学校开展体育活动提供必要条件。培养学生的良好卫生习惯,了解科学营养知识。根据农村的实际条件和需要,有针对性地加强农村学校的体育和卫生"。

(5)《中共中央、国务院关于进一步加强和改进新时期体育工作的意见》第 11 款：各类学校要培养学生德、智、体、美全面发展，提高体育教学质量，确保学生体育课程和课余活动时间，把具有健康体魄作为青少年将来报效祖国和人民的基础条件。

古今中外有远见的思想家、教育家、政治家都十分重视体育，都把体育作为全面发展教育的重要组成部分。马克思说：我们把教育理解为以下几件事：①智育；②体育；③技术教育。列宁认为教育的组成部分是德育、智育、体育和技术教育。17 世纪资产阶级革命中的先进思想家美国的洛克在出版的教育漫画中，第一次提出："三育并重"，他强调"健全的精神富于健全的身体"。两次诺贝尔奖获得者、著名科学家居里夫人有句名言："科学的基础是健康的身体"。

总之，体育之所以在学校教育中占有重要的地位，一方面是学校全面发展的教育整体的需要；另一方面是由于体育本身固有的特点及其功能和价值所决定的。

(二)体育在学校教育中的作用

(1)学校体育是国民体育的基础，是提高民族体质水平的一项根本性的战略措施。学生时代加强身体锻炼，不仅能促进自身的生长发育与形态的匀称发展，增强体质，为一生的健康打下良好基础，而且根据人体遗传的优生学说，这一代人的身体强壮，将为下一代人的超越发展，提供基础条件。

(2)学校是青少年集中的地方，青少年是我国人口的重要组成部分，学校体育的发展状况将影响着我国体育发展的速度和水平。学生在学校养成良好的锻炼习惯、学到健身技能，毕业后走向社会，还将成为社会体育的骨干。

(3)学校是培养国家各方面人才的基地，所有的体育世界冠军和世界纪录保持者无一不来源于学校，抓好学校体育是培养优秀体育后备力量的关键。

(4)学校体育是建设社会主义精神文明的一个重要桥梁。社会主义精神文明建设，包括文化建设与思想建设两个方面。学校体育是文化建设的一项重要内容，也是思想建设的一个重要手段。体育本身也是文化的一部分，它含有广泛的文化、科学知识内容，所以，体育锻炼不仅能增强体质、发展体力，而且也能发展智力。体育锻炼的结果，提高了机体机能，发展了人体的活动能力，增强了体质，也由此锻炼并提高了人的心理品质，从而促进了学习质量的提高。科学实验证明，坚持经常性锻炼，可以提高人的大脑质量，使人变得更加聪明，从而提高学习和运用科学文化知识的能力。

学校体育是培养学生高尚的思想意志品质和作风的重要渠道，由于体育活动内容丰富、形式多样，各项运动项目各有其不同的要求——有的需要速度，有的则要求耐力，有的要有力量，有的动作复杂惊险，有的练习变化无穷，还需要集体配合,这都十分有利于培养学生勇敢、顽强、机智、沉着与坚毅的思想品质以及团结战斗的集体主义精神。同时体育有着对抗性、竞争性的特点,这可以培养学生奋发图强、艰苦奋斗的拼搏精神和高度的责任感、荣誉感以及爱国主义精神。

此外,学校体育是丰富校园文化生活不可缺少的内容,也是陶冶情操,培养心灵美的重要手段。

(三)大学体育的目的和任务

▶▶ 1.大学体育的目的

根据党的教育方针、学生的年龄特点,以及体育的社会职能,学校体育的目的应在于增强学生体质,促使学生身心全面发展,能更好地完成学习任务,达到学校教育的要求以便将来能更好地为社会主义现代化建设和保卫祖国服务。

▶▶ 2.大学体育的任务

(1)根据学生的生理、心理特点,全面锻炼学生身体,促进生长发育、身体形态结构、生理机能和心理的发展,全面提高身体素质和人体的基本活动能力,以及对自然环境的适应能力。

(2)使学生正确认识体育的重要意义,掌握体育的基本知识、技术和技能,学会科学锻炼身体的方法,养成经常锻炼身体的习惯。

(3)依据体育的特点,对学生进行思想品德教育,陶冶美的情操,发展学生个性,树立良好的体育作风。

(4)积极开展课外体育活动,对体育基础较好,有一定专项运动才能的学生,进行专门训练,进一步增强他们的体质,提高他们的运动技术水平,使其成为学校体育活动的骨干,为国家优秀运动员队伍培养后备力量。

第二节　高等学校"大学体育"课程的目标与任务

一、"大学体育"课程的目标

(一)体育课程的基本目标

基本目标是根据大多数学生的基本要求而确定的,分为五个领域目标。

（1）运动参与目标：积极参与各种体育活动并基本形成自觉锻炼的习惯，基本形成终身体育的意识，能够编制可行的个人锻炼计划，具有一定的体育文化欣赏能力。

（2）运动技能目标：熟练掌握两项以上健身运动的基本方法和技能；能科学地进行体育锻炼，提高自己的运动能力；掌握常见运动创伤的处置方法。

（3）身体健康目标：能测试和评价体质健康状况，掌握有效提高身体素质、全面发展体能的知识与方法；能合理选择人体需要的健康营养食品；养成良好的行为习惯，形成健康的生活方式，具有健康的体魄。

（4）心理健康目标：根据自己的能力设置体育学习目标，自觉通过体育活动改善自己的心理状态，克服心理障碍，养成积极乐观的生活态度；运用适宜的方法调节自己的情绪，在运动中体验运动的乐趣和成功的感觉。

（5）社会适应目标：表现出良好的体育道德和合作精神，正确处理竞争与合作的关系。

（二）体育课程的发展目标

发展目标是针对部分学有所长和有余力的学生确定的，也可作为大多数学生的努力目标，是对基本目标要求的提高。

（1）运动参与目标：形成良好的体育锻炼习惯，能独立制定适用于自身需要的健身运动处方，具有较高的体育文化素养和观赏水平。

（2）运动技能目标：积极提高运动技术水平，发展自己的运动才能，在某个运动项目上达到或相当于国家等级运动员水平，能参加有挑战性的野外活动和运动竞赛。

（3）身体健康目标：能选择良好的运动环境，全面发展体能，提高自身科学锻炼的能力，练就强健的体魄。

（4）心理健康目标：在具有挑战性的运动环境中，表现勇敢顽强的意志品质。

（5）社会适应目标：形成良好的行为习惯，主动关心、积极参加社区体育事务。

上述体育课程的五个基本目标与发展目标，是国家对高等学校体育教育工作的要求，也是大学生在校期间在体育学习方面要努力达到的目标。

二、大学体育课程的任务

（1）增进健康，增强体质，提高学生的体能和适应能力，促进身心全面发展。健康是人生的最大财富。正处于青春旺盛期的高校学生，不能满足于生长发育正常和没有疾病的一般健康水平，应该具有强壮的体魄、良好的机体工作能力和适应能力,为未来的事业和一辈子的健康生活打下坚实的体质基础。因此,在大学学习阶段,要通过体育锻炼使体格健壮,体形匀称,姿态健美,行动矫健,机灵应变,精力充沛,并且具有较强的适应环境变化与抵抗疾病的能力。

(2)使学生掌握体育的基本理论知识,建立正确的健康观念,培养积极参与体育活动的意识和习惯,掌握科学锻炼身体的基本技能,为终身体育打下基础。体育基本知识是现代文化的重要内容之一,是大学生应具备的文化素养。体育运动技术是前人通过实践总结的合理、有效的动作方法,正确地掌握这种方法,就形成了运动技能。任何人要想掌握运动技能,就必须亲身参加体育实践,要锻炼身体就必须掌握一定的运动技能,这两者统一于同一过程中,所以锻炼身体也好,掌握运动技能也好,非亲身参加不可,别人无法代劳。

(3)进行思想品德教育,增强组织纪律性,培养勇敢、顽强、进取精神。思想品德教育包括爱国主义教育、道德教育、意志品质教育等。组织纪律性包括集体主义精神和遵守行为规范。勇敢、顽强、进取是一种自强不息、奋发向上、无私奉献的精神。这些教育贯穿于高校体育的全过程之中,它是高校精神文明建设的一条重要渠道。

(4)在广泛开展群众性体育活动的基础上提高运动技术水平。在普及的基础上提高,在提高的指导下普及是体育事业发展的基本方针。提高运动技术水平要具体情况具体分析,运动技术有基本的、初级的、中级的,乃至高、难、新的,高校的体育是普通体育,应当面向全体学生。就广大学生而言,要求掌握最基本的。体质和运动基础较好的学生在这个基础上可通过一定的途径学习技术稍复杂的动作。部分学校可充分利用学校科技和人才优势,采取特定的措施和手段对某些独具运动天赋的学生进行特殊的训练和培养,建立高水平运动队,培养"明星运动员",为国家输送优秀后备体育人才和扩大国际交往能力。

第三节 实现高校"大学体育"教育的基本途径与要求

一、实现高校"大学体育"教育的基本途径

(一)体育课程教学

体育课程教学是高校体育工作的中心,是高等学校教学计划所规定的必修课程。由于体育课程是按照教学计划和教学大纲而组织的专门的教育过程,因而是

实现高校体育目标与任务的最基本途径。

根据各高等学校实际情况，一般在一年级开设体育普修课，二年级开设体育选项课，有条件的学校在高年级开设体育选修课。目前，许多学校正在积极探索体育改革的途径，一些学校从一年级就开设选项课，并面向全校学生开设体育选修课，且纳入素质教育学分管理之中，作为素质教育的一个重要内容。有的学校在第一学期开设体育普修课，第二、三、四学期开设选项课。还有部分学校对俱乐部式的教学模式进行了实践探索，力图按学生兴趣施教使体育课程教学与课外体育活动更紧密地联系起来，更好地实现高校体育目标。总之，无论开设什么形式的体育课，目的都是为了使全体学生更好地增强体质，增进健康，提高体育文化素养，养成"终身锻炼"的意识与习惯。《中华人民共和国体育法》规定，"学校必须开设体育课，并将体育课列为考核学生学业成绩的科目"，体育课程考核不及格者，不发给毕业证书。因此，体育课程具有明显的法定性和强制性。但就大学生而言，上体育课是国家赋予自己参与体育活动的权利，每个大学生都应运用这一权利，主动地、自觉地、积极地参与体育课程教学活动，从而享受到体育带来的无限乐趣。

1. 普通体育课

普通体育课是专为一、二年级学生所开设的必修体育课。教学内容具有基础性，教学要求具有普遍性，要求完成体育教学大纲中的基本任务。凡身体健康无残疾的学生都必须按规定要求通过考核标准。普通体育课有严格的学时规定及学籍管理的约束，但为了提高培养跨世纪人才的质量，主动适应社会主义市场经济体制的需要，目前围绕教学大纲、教材体系、教学俱乐部等重大问题，提出课内外一体化，加强体育理论课和实行教学俱乐部制等改革措施，必将对体育课程建设产生积极的影响。

2. 体育选修课

高等学校对三年级以上学生开设体育选修课，根据个人的兴趣与爱好，让学生选择某一运动专项课进行学习，不断提高专项技术水平和能力。如何在高校更好地推行"全民健身计划"，寻找终身体育、成功体育、娱乐体育与全民健身的特点，并把体育意识、体育能力的培养以及养成体育锻炼习惯作为追求目标，已成为体育选修课重点需要解决的问题。

▶▶ 3. 体育保健课

体育保健课专为患有慢性疾病或有残疾的学生开设。其目的在于增进体力，帮助恢复健康，调节生理功能和矫正某些身体缺陷，参加保健课的学生须经医院证明，体育教研室（部）同意。教学内容的选择应注意保健性，具体要求可适当放宽。近年来，由于社会变革使人们的生活节奏加快和思想观念更新引起的心态变化等原因，健康教育，特别是青少年心理健康的教育日益为人们所重视。如何使体育保健课与健康教育接轨，并协同解决心理健康、卫生保健等问题，已成为体育保健课所要完成的重大任务。

（二）课外体育活动

课外体育活动包括作息制度中的早操、课间操和课外体育活动、校外体育活动等多种形式。

课外体育活动一般每次 1 小时左右，也可根据实际情况延长或缩短，其内容可以是体育课程教学内容的延伸，也可以根据兴趣特点开展各种各样有益于身心发展的体育娱乐活动。所采取的形式多样易行，可独立按计划进行，或组成兴趣小组，或以体育俱乐部、体育协会等组织进行锻炼，也可以进行班级间的一些小型多样的竞赛活动。其主要目的是增强体质，调节身心，消除脑力活动引起的疲劳，为提高学习和工作效率服务。

校外体育活动是指学生在家庭和社会上进行的体育锻炼，它是学校体育的延续和补充，对学生增进健康，增长知识，丰富文化生活，开展社交活动和发展运动兴趣，提高运动技术水平，养成良好的体育意识与习惯均有着不可低估的作用。学生可以利用假日去体育场（馆）、游泳池、射击场、公园等社会场所参加辅导、测验、比赛和游乐活动，可以有计划有组织地进行郊游、远足、爬山、野营等活动，还可以参加寒暑假中举行的冬令营、夏令营等多种形式的体育活动。

（三）课余体育训练

课余体育训练是指利用课余时间，对部分热爱体育运动、身体素质好、有专项运动特长的学生，按项目组织起来，进行系统训练的一种专门化教育过程，其目的是提高学校体育运动技术水平面，推动群众性体育活动的开展。它本身是学生课外体育活动的重要组成部分，同时也是高校体育贯彻普及与提高相结合方针的重要措施,是在体育课程教学和课外体育活动基础上实现高校体育目标与任务的一个基本途径。

在高校可以组建不同水平不同形式的体育运动队伍进行课余体育训练,一般有以下几种形式。

▶▶ 1. 兴趣运动训练队

只要身体素质好,有专项特长,兴趣浓厚,本人自愿,经过批准就可以参加。项目设置一般根据学校的师资、场地设备、传统运动项目等条件来决定。训练的目的可以是为参加校际或上级组织的比赛,也可以不为任何比赛,而仅仅只是为了增强体质,提高运动技术水平。这种训练队常以单项协会或俱乐部的形式完成训练任务。在这种基础训练队中可以产生班队、年级队、系队、校队的优秀人才。

▶▶ 2. 学校代表队

一般是有定期比赛的项目,其目的主要是代表学校参加校际或上级组织的比赛,项目设置一般根据学校传统运动项目和上级比赛的竞赛规程来决定,其队数和每队人数均比兴趣训练队少,一般由运动技术水平较高、学习成绩合格、思想素质较好的学生组成。

▶▶ 3. 高水平运动队

高等学校经教育部批准,可以开展培养优秀体育后备人才的训练,且对运动水平较高,具有培养前途的学生,报教育部批准,可适当延长学习年限。据此,我国高校课余体育训练有了新的含意。目前,各高等院校根据学校实际,正致力于对高水平运动队的招生、学制及训练与管理的探索与创新,为开拓竞技体育人才输送渠道和扩大国际交往的需要,积极创造条件,使课余体育训练逐步走向科学化和系统化。

课余体育训练是一个复杂的教育过程,其实质是对运动员的机体进行改造,训练内容包括身体训练、技术训练、战术训练、心理训练和队风训练等。因此,为了提高机能水平和运动成绩,除了必须根据大学生的年龄特征、运动基础、作息制度及生理、心理特点制订专门的训练计划外,还应遵循运动训练的基本原则,采用科学的训练方法。

(四)课余体育竞赛

课余体育竞赛是检查体育教学、体育锻炼和运动训练效果的一种重要手段。

由于其所具有的竞技与娱乐性的特点,不仅可以活跃课余生活、振奋精神、愉悦身心,还可以增强大学生的交往和友谊。因此,它是吸引广大学生参加体育健身活动的一种好形式,对实现高校体育目标与任务有着积极的影响。课余体育竞赛应贯彻小型多样、单项分散、基层为主、勤俭节约的原则。全校性的运动会和体育节一般由学校组成一个组织委员会来负责领导和组织工作;单项赛一般由体育部配合单项协会和俱乐部组织;其他简便易行的竞赛,如拔河、跳绳、踢毽等,可在体育教师的指导下由学生社团、队组织完成。为迎接比赛,特别是全校性的竞赛,各参赛单位要兴起锻炼和选拔热潮,要有强烈的参与意识,真正做到全民健身全民参与,使体育竞赛成为推动高校体育工作的有力杠杆。

二、实现高校"大学体育"教育的基本要求

(一)全面贯彻党的教育方针,摆正高校体育的位置

体育是党的教育方针的重要组成部分,也是高等教育的重要方面之一,必须给予足够的重视。实践证明:只要高校体育工作指导思想端正,位置摆对,体育活动就能广泛开展,校园就能生机勃勃,大学生就能身心健康地学习和生活。否则就相反。由于陈旧落后的传统观念的影响,还存在忽视体育的种种倾向,致使目前有的高校还未把体育摆在应有的位置,措施不力,效果不好,严重地影响了高校教育的质量。对此,必须进一步端正办学思想,加强领导,采取得力的措施,保证全面贯彻党的教育方针,切实开展和做好高校体育工作,促进大学生德、智、体全面发展。

(二)面向全体大学生,全面开展高校体育工作

为了实现高校体育的目的,高校应面向全体大学生,动员和组织大学生自觉地参加体育课及各种体育活动,并建立相应的规章制度,借以提供各种保证。体育课教学是基本组织形式,必须按规定开课,改革教材教法,努力提高教学质量。由于高校体育工作的复杂性,必须课内课外结合,普及与提高结合,训练与竞赛结合,开展多种多样的体育活动,以保证大学生每天一小时的体育活动。

影响学生身心健康发展的因素是多方面的,为此,高校体育要与大学生正当的社会活动、合理的作息制度、适宜的学习负担和营养、卫生条件等方面有机地结合,使高校体育工作与其他工作协调地发展。

要加强体育宣传,以及在体育实践中传播体育与保健知识,使大学生不断增强体育意识,把身体好与学习好、工作好统一起来,以自觉积极的行动参加体育活动。

(三)加强科学研究,不断改革高校体育

高校体育必须坚持改革,在改革中发展和提高质量。要充分利用高校自身的优势与条件,有目的、有计划、有组织地开展体育科学研究。同时,要特别重视研究改革中的新动向、新问题,使科研的成果直接与改革中的问题相联系,并为深化改革高校体育服务。高校体育改革是高校教育改革的一部分,必须加强体育过程中教育思想、教育内容、教育办法的研究,不断探索我国高校体育规律,按照我国社会主义特色来发展高校体育工作,从而培养更多更好的德、智、体全面发展的人才。

(四)加强教师队伍建设,不断提高教师素质

体育教师是高校体育工作的组织者和执行者,体育教师队伍是否健全,素质是否全面,直接关系到高校体育工作的开展与质量的提高。为了适应高校教育改革的发展,高校体育教师在充实人员编制的同时,对师德、知识、能力等方面的要求必须全面提高。有关部门应在政治上、业务上、工作上、生活上全面关心体育教师,帮助他们解决各种实际困难,为他们的政治思想和业务进修提高,以及开展工作创造条件。体育教师要热爱本职工作,洁身自爱,艰苦奋斗,坚持改革,勇于创新,发扬献身精神,从而形成一支奋发向上、生机勃勃的教书育人的队伍,使高校体育工作更上一层楼。

(五)加强领导,实施科学管理

高校体育是高校整体工作的一部分,必须健全组织领导机构,形成自上而下的组织管理指挥系统,实施科学管理。在校内,必须在主管体育的校长的领导下,体育室(部)积极参与,各级行政部门、群众团体密切配合,统一认识,统一步调,才能做好高校体育工作。在具体管理工作中,要对高校体育加强计划,及时检查和总结,不断改进;要从实际出发,建立高校体育的规章制度和体育工作的评价标准,包括对大学生体质、健康测试和评估等规定;要统筹安排,创造条件,保证体育经费、场地、器材设施得以落实,以满足高校体育的实际需要。

第三章　体育锻炼的生理科学基础

第一节　体育锻炼与神经、肌肉

在完整的机体内,肌肉的收缩是由神经冲动引起的,即来自中枢神经系统的神经冲动传至脊髓运动神经元后,经运动神经传递给所支配的肌纤维,从而引起肌肉收缩。通过肌肉的收缩和舒张,使人体得以实现各种各样的运动和维持各种优美的姿势,在正常的情况下,肌肉之所以能精确符合实际的需要,实现机体所欲达到的目的。例如,准确的投篮、排球的准确扣球等,都是由于神经系统精确调节的结果。

在正常情况下,肌肉收缩是由神经冲动引起的。要使肌肉产生收缩活动,首先必须有神经冲动传递到肌肉。兴奋是如何由神经传递到肌肉的呢？

一、兴奋在神经——肌肉接头的传递

(一)神经——肌肉接头的结构

支配骨骼肌的运动神经纤维在肌肉中形成数条至数百条分支,每一分支又通过若干膨大的末梢支配一条肌纤维。膨大的末梢在接近肌纤维时失去髓鞘,其裸露的轴突末梢嵌入到肌膜上称之为终板膜的凹陷中,形成神经肌肉接头。在电子显微镜下观察神经肌肉接头区,轴突末梢与终板膜并不接触,而是被一个宽约 $20\sim50$ nm 的接头间隙分开,经间隙与细胞外液相通,终板膜的厚度大于肌膜,它向细胞内凹入,并形成许多褶皱,以增大其面积。在膨大的轴突末梢的轴浆中,除有许多线粒体外,还含有大量直径为 40 nm 的圆球形囊泡,囊泡中储存有在轴浆中合成的乙酰胆碱。

(二)兴奋在神经——肌肉接头的传递过程

当冲动从神经纤维传至轴突末梢时,轴突末梢出现除极化,改变神经膜的通透性,使细胞外液中一部分 Ca^{2+} 进入末梢内,引起轴浆中 $200\sim300$ 个囊泡破裂,释放出乙酰胆碱,进入接头间隙。当乙酰胆碱经接头间隙到达终板膜表面时,立即与膜上的特殊受体相结合,引起膜对 Na^+、K^+ 的通透性改变,而导致除极

化,进而触发一个可传导的动作电位沿肌膜传播至整个肌纤维,引起这条肌纤维收缩。由于接头间隙中及终板膜上有大量胆碱酯酶,在它的作用下,使每次冲动中轴突末梢所释放的乙酰胆碱,能在 2 ms 内全部水解成乙酸和胆碱而失去作用,使它不至于持续作用于终板膜而使肌细胞持续兴奋。从而使神经肌肉的传递,在正常的情况下,保持 1 对 1 的关系。即运动神经每传来一次冲动,轴突末梢即释放一定量的乙酰胆碱,使肌纤维产生一次收缩。

二、肌纤维的微细结构

人体的骨骼肌由 400 多块肌肉构成。每块肌肉都是一个器官,作为一个器官的单块肌肉,同身体中其他器官一样,由几种组织构成。构成肌肉的基本组织有:肌组织(由肌纤维组成)、结缔组织、神经组织。此外,肌肉还分布有丰富的血管网。其中,肌纤维构成肌肉的主体,肌肉器官的绝大部分(大于 90%)由肌纤维组成,它是肌肉中的收缩成分,其功能是通过收缩而产生张力。肌肉中的其他组织即起着调节、支持和弹性作用。分别包绕在肌纤维、肌束和整块肌内外面的肌肉膜、肌束膜和肌外膜及肌腱,均由结缔组织构成,肌肉中的结缔组织是肌肉中"弹性成分"的主要构成部分,肌肉的弹性成分在肌肉收缩的力学中起着重要作用。

肌细胞是骨骼肌的主要结构单位,其形态纤长,故又称肌纤维,一块骨骼肌由大量肌纤维组成。肌纤维肌浆中含有机原纤维、肌管系统和线粒体,它们在肌肉收缩过程中起重要作用,同其他许多细胞一样,有细胞膜(称肌膜)、细胞核、细胞质(称肌浆),但其细胞核有多个。

三、运动训练对肌纤维的影响

(一)肌纤维选择性肥大

表 3-1 赛跑运动员慢肌纤维相对面积

项目	性别	例数	STarer(%)
短跑	男	2	22.7
	女	2	28.6
			28.6
中跑	男	18	
	女	7	
长跑	男	14	

(二)酶活性改变

肌纤维对训练的适应表现为肌肉中有关酶活性的有选择性增强。考斯特尔研究了不同项目赛跑运动员和无训练者腿肌中琥珀酸脱氢酶(SDH)、乳酸脱氢酶(LDH)及磷化酶(PHOSP)的活性。发现长跑运动员的肌肉中,与氧化供能有密切关系的 SDH 活性较高,而与糖酵解及磷酸化供能有关的 LDH 及 PHOSP 则活性最低。短跑运动员则相反,LDH 和 PHOSP 活性较高,而 SDH 活性较低。中跑运动员居短跑和长跑运动员之间。(表 3—2)

表 3—2　短、中、长跑运动员肌肉中酶活性的比较

项目	性别	例数	SDH	LDH	PHOSP
短跑	男	2	12.9	1287	15.3
中跑	男	7	14.8	868	8.4
长跑	男	5	16.6	767	8.1
无训练者	男	11	7.4	822	7.6

斯诺司汤森发现 8 周的短跑训练可使肌肉中的 ATP 酶性有显著提高。(表 3—2)萨尔庭也发现经过 5 个月的耐力训练,肌肉中与有氧代谢有关的酶活性明显提高。

四、体育锻炼对肌肉形态结构和功能的影响

(一)肌肉体积增大

通过体育锻炼和运动训练,使肌肉体积增大的现象是最明显的。不同运动项目肌肉增大部位和程度不一。肌肉体积增加,其最主要原因是肌纤维增粗的结果。肌肉体积增大,重量也增加。普通人的肌肉只占体重的 40%,而经过体育锻炼的人可达体重的 45%～50%。

(二)肌纤维中线粒体数目增多,体积增大

线粒体是肌细胞的供能中心,是形成 ATP 的器官。当 ATP 分解为 ADP 时可释放能量,供肌细胞活动需要。所以肌纤维中的线粒体数量增多,体积增大,可增强形成 ATP 的能力,满足肌细胞耗能的需要。

（三）肌肉内毛细血管数量增加

从动物实验证明,体力活动(动力和静力负荷)可使骨骼肌内毛细血管不仅数量增加,同时口径也有所扩张。这个变化,使流过肌肉组织的血液量增加,改善了肌肉的营养状况,从而提高了肌肉的工作能力。

（四）肌肉内脂肪减少

骨骼肌表面和肌纤维之间有脂肪存在。脂肪在肌肉收缩时会产生摩擦,因而降低了肌肉收缩率。运动时需要消耗大量能量,脂肪会被转化为能量并在运动中被消耗掉。所以经常参加体育运动,尤其是耐力性训练,肌肉内脂肪就会减少,从而提高肌肉收缩率。

（五）肌肉内化学成分发生变化

长期坚持体育锻炼,肌肉内化学成分可发生变化。如肌肉中肌糖原、肌球蛋白、肌红蛋白和水分等含量增加。这些物质的增加,不仅提高肌肉收缩能力,同时还提高三磷酸腺苷的活性,促进三磷酸腺苷的分解释放出能量,供肌肉收缩之用;肌糖原含量增加,肌肉里能量贮备增加;肌红蛋白含量增加,使肌肉中贮氧能力大大增加,为肌肉用力收缩,提供更多的氧气。

第二节　体育锻炼与氧的供应

氧是生物体新陈代谢所必需的,无论日常生活、各种活动及体育运动都离不开氧。所谓有氧工作,是指机体在氧供充足的情况下由能源物质氧化分解提供能量所完成的工作。

人体有氧工作能力决定于机体氧运输系统,功能和肌肉利用氧的能力。训练可以提高机体有氧能力及最大吸氧量利用率。

一、需氧量与吸氧量

需氧量是指人体为维持某种生理活动所需的氧量。需氧量通常以每分钟为单位计算。成年人安静时需氧量大约 250 mL·min^{-1}。

运动时需氧量是随着运动强度而变化,并受运动持续时间影响。运动强度大、持续时间短,虽然总需氧量少,但每分需氧量却大。反之,运动强度小,持续时间长,虽然每分需氧量少,可是总需氧量却大。例如,从百米赛跑速度计算出的需氧量可达 40 L·min^{-1},而马拉松跑时的需氧量却为 2~3.5 L·min^{-1}。如果以持续时间计算需氧量,百米(12 s)总需氧量达 7 L 左右,而马拉松跑(2 h 以上)总需氧量 700 L 以上。

在肺换气过程中,由肺泡气扩散人肺毛细血管,并供给人体实际消耗或利用的氧量称为吸氧量。由于人体不能大量贮存氧,在实验中所测得的氧量是机体实际消耗或利用的氧量。因此,吸氧量也称耗氧量。吸氧量是以单位时间每分钟计算,故称为每分吸氧,并以 V_{O_2} 表示。安静时,人体的基础代谢率低,能量消耗少,每分钟吸氧量与每分钟需氧量处于平衡状态(200~300 mL)。

二、提高人体有氧代谢能力的训练方法

(一)每周锻炼几次、练多长时间才能保持和增进健康

进行什么样的训练最合适?由于健康状况要通过大量参数来反映,而且身体对锻炼的适应性反应又极复杂,因此,对这类问题很难统一回答。现就运动的次数、强度、持续时间及活动方式等提出一些相对的看法,供锻炼者参考。经过研究,为了保持和不断提高循环、呼吸系统的机能水平,并保持一定的净体重,所需的训练负荷如下。

(1)运动形式:大肌肉群能参与活动和周期性的、长时间的、有一定强度的、以有氧代谢为主的活动。如跑步、游泳、划船、骑自行车、跳绳等。

(2)练习强度:能达到最高心率的 60%~90%(最大心率=220-年龄),或者是最大摄氧量的 50%~85%。

(3)锻炼次数:每周 3 至 5 次。

(4)持续时间:持续时间的长短取决于练习强度。一般可以在持续有氧活动 15~60 min 范围内做出选择,对非运动员的成年人,以低强度、长时间的活动为宜,以免出现潜在性的危险。

(二)美国运动医学博士库珀制定了提高人体有氧代谢能力的训练原则

(1)在最初训练时必须使大肌肉群也参加运动,如腰部和上臂肌肉。

(2)保持大肌肉群持续不断的、有节奏的、数十分钟以上的运动时间。

（3）为了达到有氧训练的目的，运动必须达到足够的强度，心率和呼吸频率能达到本人最高值的 50％～70％，身体要出汗。

（4）每次参加训练时，必须遵守先做准备活动，再做剧烈运动，最后做恢复运动的程序。

（5）有氧代谢锻炼的次数，每周进行 3～4 次是比较适宜的。

（6）每次训练的时间，开始时每次训练 5～12 min 比较适宜，逐渐地延长到 20～30 min。

（7）提高有氧代谢的训练项目，最好是快走、慢跑、游泳、骑自行车或有氧舞蹈等。

第三节　体育锻炼与新陈代谢

新陈代谢是一切生物体生命活动的基本特征。在新陈代谢的过程中，物质代谢和能量代谢紧密联系、相辅相成。物质代谢和能量代谢的加强是器官、系统机能活动提高的可靠保障。所以长期运动训练所出现的一系列人体生理功能的适应都是建立在物质代谢和能量代谢适应的基础之上的。

一、物质代谢

人体生长、发育、组织更新、修复，完成各种生命活动及参加各种体育活动所需能量的提供，均依赖于物质代谢的正常进行。

人体内的物质代谢既包括分解代谢，（异化作用）又包括合成代谢（同化作用）。根据本专业的特点，在此只介绍营养物质的分解代谢。

（一）糖在体内的代谢过程

糖在体内存在的主要形式有两种，一种是以糖原（glycogen）的形式存在于组织细胞浆内，主要是肝细胞中的肝糖原和肌细胞中的肌糖原；另一种是以葡萄糖（glucose）的形式存在于血液中，称血糖。

▶▶ **1. 血糖的来源、去路及调节血糖是指血中的葡萄糖**

全身血糖总量约占全身糖贮备量的 1％左右。正常生理情况下，血糖浓度随进食、肌肉活动等情况而有波动;但空腹时,血糖的浓度较为稳定。机体血糖浓度动态平衡的维持有赖于体内存在着多种神经体液因素的调节。胰岛素能促进组织细胞摄取葡萄糖使血糖水平降低;而胰高血糖素、肾上腺皮质激素和生长素能促进肝糖原分解为葡萄糖,并释放进入血液,使血糖升高。肝通过糖原的合成与分解在血糖的调节中起着关键性作用。

▶▶ 2. 运动与糖代谢

(1)血糖浓度与运动能力。在不同持续时间和运动强度的运动中,血糖浓度的变化有所示同。短时间、剧烈运动后,血糖浓度升高,其原因是机体由安静状态进入运动状态时,肾上腺系统活动增加,促进肝糖原分解所致。虽然对长时间运动(如马拉松跑)中的运动员血糖浓度变化的研究报告结果不一致,但在运动前或运动中,适量补充糖可维持血糖水平,提高运动能力,延缓疲劳的发生,所以血糖水平的稳定对于运动能力的提高有重要的意义。脑组织和红细胞必须依赖血糖供能。当血糖供应缺乏时,脑细胞和红细胞则开始死亡。所以人体大运动负荷或饥饿时,血糖浓度的稳定尤为重要。

(2)糖原贮备与运动能力。有研究表明,运动性疲劳或过度训练的原因之一是体内肌糖原贮量的耗竭,所以在大于 1 小时的运动中适量补充糖,可通过提高血糖水平,增加运动中糖的氧化供能,节约肌糖原的损耗,减少脂肪酸和蛋白质的供能比例,可使运动的耐受时间延长,延缓疲劳发生,提高运动能力。运动前补充糖或加强膳食中糖的量,可以使体内有充足的肝糖原和肌糖原贮备量,有利于运动过程中血糖水平和肌糖原水平的维持,提高运动能力。正常情况下,肌糖原贮量较为稳定,大量摄入糖并不能有效地增加肌糖原的贮备。只有把高糖膳食和耐力运动结合起来,既促进了肌糖原消耗,又进行随后的肌糖原超量补偿,才能使肌糖原贮备适度增加,优秀耐力运动员肌糖原贮备可达 700 g(约为肌重的 3％～5％)。在剧烈运动过程中,肝糖原维持血糖水平还有特殊的意义。对于人体大多数组织细胞而言(除肝以外),葡萄糖一旦进入细胞或在肌麻中进一步合成肌糖原,就不能再扩散出细胞,所以力竭性肌肉运动时,活动的肌肉是不能利用不活动肌肉中的葡萄糖或肌糖原的。只有肝糖原分解为葡萄糖进入血液,通过血液循环供给活动的肌组织才能保证活动肌肉的持续能量的供能。所以增加肝糖原和肌糖原的贮备有利于提高运动能力。合理膳食与适宜运动训练相结合是提高机体糖原贮备的有效途径。

（二）脂肪在体内的代谢过程

▶▶ 1. 血浆脂肪酸的来源与去路

血浆游离脂肪酸（FFA）主要由贮存于脂肪组织中的脂肪经脂肪运动作用而来的，也有少量来自食物脂肪在小肠内消化后进入血液形成的各种脂蛋白，特别是乳糜微粒和极低密度脂蛋白（VLDL）中的甘油—三酯（TC），经过血浆脂蛋白脂肪酶的催化作用生成甘油和脂肪酸，脂肪酸立即和血浆清蛋白结合后形成 FFA。血浆 FFA 被运动到骨骼肌或其他组织的细胞质中，再进入线粒体氧化分解，合成 ATP 供能。在人体处于饥饿或进行长时间运动时，血浆 FFA 浓度升高，有利于各组织细胞摄取后氧化供能。尤其是运动状态时，血浆 FFA 代谢速度非常快，其转换率与其浓度成正相关。血浆 FFA 的去路，除了在细胞内氧化供能以外，还可以进入脂肪组织及肝细胞，再合成脂肪贮存。

▶▶ 2. 运动过程中脂肪代谢的特点

①动员较慢。运动过程中，脂肪组织的脂肪分解较慢，常在运动 2～4 h 后，体内糖原贮备降低的情况下，FFA 才成为肌肉收缩的主要供能物质，此时血浆 FFA 才达峰值水平。②长时间运动后期主要依靠脂肪酸氧化供能。长时间的亚极量运动后期，如马拉松和越野跑的后半程，肌肉氧供应充足，可利用的 FFA 浓度增加，抑制了肌肉摄取葡萄糖，所以脂肪供能占总能耗的 90% 左右。③短时间剧烈运动时脂肪分解受到抑制。剧烈运动时，糖代谢利用增加，血乳酸水平增高，脂肪组织的脂解作用受到抑制，脂肪组织的脂肪分解减少，导致肌肉摄取和利用 FFA 减少。总之，运动时脂肪供能的特点是随运动强度的增大而减低，随运动持续时间的延长而增高。

（三）运动与蛋白质代谢

▶▶ 1. 机体运动时蛋白质可提供一部分能量

运动时蛋白质提供能量的比例要求取决于运动的类型、强度和持续时间。在体内肌糖原贮备充足时，蛋白质供能仅占总热能需要的 5% 左右；在肌糖原耗竭时，蛋白质供能可升至 10%～15%。

▶▶ **2.运动导致骨骼肌蛋白质合成增加——使肌肉粗壮**

运动时加速蛋白质合成的激素,如生长素、胰岛素、甲状腺素和雄激素等都有不同程度的变化,而且肌肉运动还促进了支链氨基酸的代谢。支链氨基酸是骨骼肌蛋白质合成时特别需要的氨基酸。动物实验证实,长时间运动中的动物,其肢体选择性摄取支链氨基酸增加。研究还发现,肌肉蛋白质增生发生在运动后恢复期,而不是急性运动期。运动后人体肌肉蛋白质合成速率增加,并可持续至运动后 24 h。最近,沃福尔等报道,大阻力运动后 3 h,肌肉蛋白质降解只增加 50%,而蛋白质合成却增加 100%,即肌肉蛋白质合成大于降解,最终导致肌肉粗壮。

二、能量代谢

能量是一切生命运动的动力源泉。人体内的能量是从食物中获得的。而 ATP 是实现各种生理活动的直接能源。运动能力的高低,在一定程度取决于不同能量系统供能情况。体育运动项目繁多,人们在从事不同的项目锻炼或训练时,体内能量供应特点亦有差异。

ATP 是人体一切活动的直接能源,而糖、脂肪、蛋白质等是间接能源。由于 ATP 在体内含量很少,远不能满足身体活动的需要,所以必须是边分解边合成。ATP 再合成时所需的能量只能从间接的能源中获得。马格利亚曾计算了体内能源物质最大供能的总容量和输出功率,并比较了它们之间各自的特点,把能源物质按无氧供能和有氧供能分成了三个系统,即磷酸原系统、乳酸能系统和有氧氧化系统。

(1)磷酸原系统

磷酸原系统是由 ATP 和 CP 组成的系统。ATP 在肌肉内的贮量很少,若以最大功率输出仅能维持 2 s 左右。肌肉中 CP 贮量约为 ATP 的 3～5 倍。CP 能以 ATP 分解的速度最直接地使之再合成。由于二者的化学结构都属高能磷酸化合物,故称为磷酸原系统(ATP－CP 系统)。

剧烈运动时,肌肉内的 CP 含量迅速减少,而 ATP 含量变化不大。根据 Margaria 计算,人体高能磷酸化合物含量为 $23\sim25$ mmol · kg^{-1} 湿肌重。如果用每 kg 体重作为能量输出单位,ATP－CP 系统的最大供能速率或输出功率为 56 J · kg^{-1} · s^{-1},供能持续时间为 7.5 s 左右。磷酸原系统供能的特点是,供能总量少,持续时间短,功率输出最快,不需要 O_2,不产生乳酸等物质。

磷酸原系统是一切高功率输出运动项目的物质基础。数秒钟内要发挥最大能量输出,只能依靠 ATP－CP 系统,如短跑、投掷、跳跃、举重等运动项目。

（2）乳酸能系统

乳酸能系统是指糖原或葡萄糖在细胞浆内无氧分解生成乳酸过程中,再合成 ATP 的能量系统。人体骨骼肌中肌糖原含量约为 $50\sim90$ mmol·kg^{-1} 体重,其最大供能速率或输出功率为 29.3 J·kg^{-1}·g^{-1},供能持续时间为 33s 左右。由于最终产物是乳酸,故称乳酸能系统。因为 1 mol 葡萄糖或糖原无氧酵解产生乳酸,可净生成 $2\sim3$ mol ATP。因此,该系统 ATP 的生成速率取决于底物消耗（糖原、葡萄糖）到产物生成（乳酸）之间的反应速率。其特点是,供能总量较磷酸原系统多,输出功率次之,不需要氧,产生导致疲劳的物质乳酸。由于该系统产生乳酸,并扩散进入血液,所以,血乳酸水平是衡量乳酸能系统供能能力的最常用指标。乳酸是一种强酸,在体内聚积过多,超过了机体缓冲及耐受能力时,会破坏机体内环境酸碱度的稳态,进而又会限制糖的无氧酵解,直接影响 ATP 的再合成,导致机体疲劳。乳酸能系统供能的意义在于保证磷酸原系统最大供能后仍能维持数十秒快速供能,以应付机体的需要。该系统是 1 min 以内要求高功率输出运动的物质基础。如 400 m 跑、100 m 游泳等。专门的无氧训练可有效提高该系统的供能能力。

（3）有氧氧化系统

有氧氧化系统是指糖、脂肪和蛋白质在细胞内（主要是线粒体内）彻底氧化成 H_2O 和 CO_2 的过程中,再合成 ATP 的能量系统。从理论上分析,体内贮存的糖,特别是脂肪是不会耗尽的,故该系统供能的最大容量可认为无限大。但该系统是通过逐步氧化、逐步放能再合成 ATP 的,其特点是 ATP 生成总量很大,但速率很低,需要氧的参与,会产生乳酸类的副产品。据计算,该系统的最大供能速率或输出功率为 15 J·kg^{-1}·s^{-1},该系统是进行长时间耐力活动的物质基础。在评定人体有氧氧化系统供能的能力时,主要考虑氧的利用率。因此,最大吸氧量和无氧阈是评定有氧工作,能力的主要生理指标。

第四节　体育锻炼与疲劳的恢复

体育锻炼所造成的适度的运动性疲劳,施以合理的恢复手段可以促进人体机能水平的不断提高,而过度疲劳不仅对提高运动成绩不利,还可能会造成各种运动损伤,以至损害人体的身体健康。因此,了解运动性疲劳的产生机制,并有效地消除运动性疲劳对于提高运动成绩,增进健康有着十分重要的理论价值和实践意义。

一、疲劳的概念及其分类

(一)概念

在第五届国际运动生物化学会议上对疲劳的概念取得了统一认识,即疲劳(fatigue)是,"机体生理过程不能继续在特定水平上进行和/或不能维持预定的运动强度。"

(二)分类

疲劳一般分为心理疲劳和身体疲劳。心理疲劳是由于心理活动造成的一种疲劳状态,其主观症状有:注意力不集中,记忆力障碍,理解、推理困难,脑力活动迟钝、不准确。行为改变表现为:动作迟缓,不灵敏,动作的协调能力下降,失眠、烦躁与不安等。

身体疲劳是由身体活动或肌肉活动引起的,主要表现为运动能力的下降。身体疲劳分为全身的、局部的、中枢的、外周的等类型。身体疲劳常因活动的种类不同而产生不同的症状。

在运动竞赛和运动训练中,身体疲劳和心理疲劳是密切联系的,故运动性疲劳是身心的疲劳。

二、疲劳产生的机制

自从 19 世纪 80 年代莫索开始研究疲劳以来,人们对运动性疲劳产生的机理提出多种假说,最具代表性的有以下几种。

(一)"衰竭学说"

依据长时间运动产生疲劳的同时常伴有血糖浓度降低,而补充糖后工作能力有一定程度的提高现象,认为疲劳产生的原因是能源物质的耗竭。Hirvonen 等 1987 年发现,当骨骼肌疲劳时,肌肉中 ATP 变化不大,但 CP 已下降至原来水平的 $60\%\sim70\%$,乳酸则明显上升。

(二)"堵塞学说"

"堵塞学说"认为,疲劳的产生是由于某些代谢产物在肌组织中堆积造成的。

其依据是疲劳时肌肉中乳酸等代谢产物增多,由于乳酸堆积而引起肌组织和血液中 pH 值的下降,阻碍神经肌肉接点处兴奋的传速,影响冲动传向肌肉,抑制果糖磷酸激酶(PFK)活性,从而抑制糖酵解,使 ATP 合成速率减慢。另外,pH 值下降还使肌浆中 Ca^{2+} 的浓度下降,从而影响肌球蛋白和肌动蛋白的相互作用,使肌肉收缩减弱。

(三)"内环境稳定性失调学说"

该学说认为疲劳是由于机体内 pH 值下降、水盐代谢紊乱和血浆渗透压改变等因素所致。有人研究,当人体失水占体重 5% 时,肌肉工作能力下降约 20%～30%。哈佛大学疲劳研究所研究发现,高温作业工人因泌汗过多,达到不能劳动的严重疲劳时,给予饮水仍不能缓解,但饮用含 0.04%～0.14% 的氯化钠水溶液可使疲劳有所缓解。

近来,离子代谢在运动性疲劳中的作用越来越受到人们的重视,目前研究较多的与运动性疲劳有关的离子有钙、钾、镁、硒等。

(四)"保护性抑制学说"

依照巴甫洛夫学派的观点,运动性疲劳是由于大脑皮质产生了保护性抑制。运动时大量冲动传至大脑皮质相应的神经元,使其长时间兴奋导致耗能增多,为避免进一步消耗,便产生了抑制过程,这对大脑皮质有保护性作用。贝柯夫的研究发现,狗拉载重小车行走 30～60 min 产生疲劳时,一些条件反射量显著减少,不巩固的条件反射完全消失。雅科甫列夫发现,小鼠在进行长时间工作(10 h 游泳)引起严重疲劳时,大脑皮质中一氨基丁酸水平明显增加,该物质是中枢抑制递质,其含量增加说明抑制过程在发展。

此外,血糖下降、缺氧、pH 值下降、盐分丢失和渗透压升高等,也会促使皮质神经元工作能力下降,从而促进疲劳(保护性抑制)的发生和发展。

(五)"突变理论"

爱德经兹从肌肉疲劳时能量消耗、肌力下降和兴奋性改变三维空间关系,提出了肌肉疲劳的突变理论,认为疲劳是由于运动过程中三维空间关系改变所致。此学说改变了以往用单一指标研究运动疲劳的缺陷,并提出肌肉疲劳的控制链。

突变理论学派代表人爱德经兹认为在肌肉疲劳的发展过程中,存在着不同途径的逐渐衰减突变过程,其主要途径包括以下几种。

（1）单纯的能量消耗，此时只有能量极度消耗，而不存在肌肉兴奋性下降，继续下去便肌肉僵直，但在运动性疲劳中一般不会发展到这种程度。

（2）在能量消耗和兴奋性衰减过程中，存在一个急剧下降的突变峰。由于兴奋性突然急剧下降，减少了能量储备的进一步消耗，同时伴随着肌肉力量和输出功率的突然下降，表现为肌肉疲劳，这也是疲劳突变理论的主要内容。

（3）肌肉能源物质逐渐消耗，兴奋性下降，但这种变化是渐进的，并未发生突变。

（4）单纯的兴奋性丧失，并不包括肌肉能量的大量消耗。

（六）"自由基损伤学说"

自由基是指外层电子轨道含有未配对电子的基团，如氧自由基（O_2）、羟自由基（－OH），过氧化氢（H_2O_2）及单线态氧（O_2）等物质。在细胞内，线粒体、内质网、细胞核、质膜和胞液中都可以产生自由基。由于自由基化学性活泼，可与机体内糖类、蛋白质、核酸及脂类等物质发生反应，因而造成细胞功能和结构的损伤与破坏。

激烈运动时，由于肌纤维膜破裂和内质网膜变性，使血浆脂质过氧化物（LPC））水平增高。LPO 不仅对调节 Ca^{2+}－ATP 酶产生影响，造成胞浆中 Ca2＋的堆积，影响肌纤维的兴奋－收缩耦联；还对线粒体呼吸链 ATP 的释放、氧化酶的活性造成影响，从而导致肌肉工作能力下降产生疲劳。

虽然有关自由基与运动性疲劳产生机理的研究工作时间不长，但已经肯定了氧自由基的毒性作用在疲劳发生机理中的重要地位。

此外，内分泌功能异常和免疫功能下降也与运动性疲劳有关。疲劳产生的原因是一个非常复杂的过程，仍有待于深入广泛地研究。

三、促进人体功能恢复的措施

运动性疲劳是体内多种因素综合变化的结果，必须采用多种科学手段才能加速机体功能的恢复。

（一）活动性手段

（1）变换活动部位和调整运动强度。谢切诺夫在进行测力描记实验中发现，右手握测力器工作到疲劳后，以左手继续工作来代替安静休息，能使右手恢复更迅速更完全。他认为，在休息期中来自左手肌肉收缩时的传入冲动，会加深支配右手的神经中枢的抑制过程，并使右手血流量增加。用转换活动的方式来消除疲劳，也称积极性休息。研究还证明，与安静休息相比较，活动性休息可使乳酸的消除快 1 倍。

（2）整理活动。整理活动是指在正式练习后所做的一些加速机体功能恢复的较轻松的身体练习。通过整理活动，可减少肌肉的延迟性酸疼，有助于消除疲劳；使肌肉血流量增加，加速乳酸利用；预防激烈活动骤然停止可能引起的机体功能失调。例如，跑到终点后站立不动，血液大量集中在下肢扩张的血管内，使静脉回心血量减少，因而心输出量下降，血压降低，造成暂时性贫血，产生不适感，甚至出现"重力性休克"。此外，通过整理活动有利于再从事其他的练习。

（二）营养性手段

运动能力恢复的关键在于恢复机体的能量贮备，包括肌肉及肝脏的糖原储备、关键酶的活性（维生素 B 复合体及微量元素等）以及体液、元素如铁的平衡，细胞膜的完整性等。无疑，补充营养是运动能力恢复的物质基础。

▶▶ 1. 能源物质的合理调配

如果把运动中需补充的热量按照蛋白质、脂肪、糖三者的比例划分为按需要均衡进补的方式，大多数项目运动员的膳食中，三种能量的补充比例 1.2:0.8:4.5；耐力性运动项目因其训练负荷的特点，要求膳食中糖的含量较高，故三种能量的搭配比例为 1.2:1:7.5；而运动负荷量比较小的项目，则比普通人的能量补充稍高一些，三种能量的搭配比例为 1:0.6:3.5。三大营养物质摄取总量应以能满足机体代谢需要为依据。

▶▶ 2. 营养物质的补充方法。

（1）糖

由于糖是体内重要的能源物质，为此，运动中糖的适量补充，无疑是提高运动能力的一个促进因素。长时间运动，尤其激烈比赛时，应注意运动前、后和运动中补充糖。研究表明，运动前补糖宜安排在赛前数日内和赛前的 1.5～2 h；运动中补糖可安排在每隔 15～30 min 或每隔 30～60 min 补糖为宜；运动后的补糖时间愈早愈好，最好不超过运动后的 6h。关于糖的补充量，一般认为，应限制于每小时 50 g 或每千克体重 1 g。

（2）蛋白质

研究表明，运动员蛋白质的需要量高于一般人。日本及东欧一些国家提出运动员补蛋白质量为每千克体重 2 g，甚至 2 g 以上，而西欧一些报告提出每千克体重 1.4 g 即可满足运动员的需要。国内根据测氮平衡的实验结果，提出运动员蛋白质的供给量应为总热能的 12%～15%，约为 1.2～2.0 g·kg^{-1}体重。

（3）脂肪

运动员没有必要专门补充脂肪,膳食中适宜的脂肪量为总热量的25%～30%即可。游泳及冬季运动项目(如滑雪、滑冰等)因机体散热量较大,食物中脂肪可比其他项目高些,但也不宜超过总热量的35%。

（4）维生素

维生素参与机体的各种代谢,缺乏或不足时即可对运动能力产生不利的影响,表现为做功量降低,疲劳加重,肌肉无力等。补充缺乏的维生素,可以提高运动能力。

（5）矿物质

参加运动训练使身体负荷加大,由于大量的排汗使身体对钾、钠、钙、磷、镁、铁的需要量增加,因而必须从食物中补充。

目前专门为运动员研制的各种强营养食品对恢复体力和提高运动能力也有助益。

（三）中医药手段

应用中医药调理的目的在于提高机体抗病能力,增强免疫力,改善代谢调节,提高训练效果。通过中药补剂提高免疫能力,对加速疲劳消除有良好作用。另外,通过外源性的抗氧化剂的补充可以减少大强度运动时氧自由基对机体的损害,常用的抗氧化剂中草药有人参、当归、生地、酸枣仁、阿魏酸、五味子等。

（四）睡眠手段

睡眠对功能的恢复是非常重要的,通过睡眠使精神和体力得到恢复。

（五）物理手段

在大强度和大运动量训练之后,常采用按摩、理疗、吸氧、针灸、气功等医学物理手段加速机体恢复。

（六）心理学手段

训练和比赛之后,采用心理调整措施恢复工作能力,能够降低神经—精神的紧张程度,减轻心理的压抑状态,加快神经能量的恢复,从而对加速身体其他器官、系统的恢复产生重大影响。

对身体起作用的心理学方法、种类非常多,主要有:暗示性睡眠—休息,肌肉放松,心理调整训练(个人和集体的),各种消遣和娱乐活动,舒适的生活条件等。

第四章　体育锻炼的基本原则与方法

第一节　体育锻炼的基本原则

体育锻炼的原则是身体锻炼基本规律的反应也是锻炼者安排锻炼计划、选择锻炼内容、运用锻炼方法所要遵循的原则。尽管具体的锻炼手段和方法因人而异，但为了达到体育锻炼的目的，提高锻炼的效果，在锻炼中我们应遵循以下基本原则。

一、体育锻炼强度、时间的合理安排原则

（一）每周锻炼次数

要想获得良好的体育锻炼效果每周应进行 3～5 次的体育锻炼，作为大学生应该保证每周进行 5 次体育锻炼。

（二）锻炼强度

锻炼强度常用心律间接的方法表示。目前推荐的锻炼强度范围为自己最大心律的 60%～80%。最大心律可采用下列公式来估算，即最大心律＝220－年龄。只有超过一定强度的锻炼才能有效地引起机体的适应，同时在适应一定运动强度后，还应逐渐地加大锻炼的强度才能使身体健康水平逐步得到提高。

（三）锻炼时间

锻炼时间是指每次运动的持续时间。有效的持续锻炼时间是 20～60 分钟，对于一个适应水平较低的大学生而言至少应持续 20～30 分钟的锻炼，而对于适应水平较高的大学生可能要持续锻炼 40～60 分钟。另外低强度的锻炼要求运动的时间长于大强度的练习时间，如以最大心律 80% 强度进行锻炼仅需 20～30 分钟即可，而以最大心律 60% 强度进行锻炼需要 40～60 分钟。

二、超负荷原则

超负荷原则是指在进行体育锻炼时身体或特定的肌肉所受到的刺激强于不锻炼时或强于已适应的刺激强度。在进行体育锻炼时只有遵循超负荷原则,身体健康素质才能在现有的基础上逐步得到提高。为了发展有氧耐力水平可以通过增加每周的练习次数、每次练习的持续时间和练习的强度来达到超负荷的锻炼目的。运用超负荷原则指导体育锻炼,最重要的因素就是要从自己体能水平和身体承担负荷能力的实际出发,恰当地确定锻炼负荷的大小。负荷通常包括负荷量与负荷强度。负荷量一般是以练习的次数、时间、距离、重量来表示,负荷的强度是以练习的速度、负重量、密度来表示。

超负荷锻炼有利于提高健康和体能水平,但并不是每次锻炼时都练习得筋疲力尽,事实上即使不进行超负荷练习,以适宜的运动量进行练习对健康也有促进作用。

三、循序渐进原则

体育锻炼对增强体质,促进健康的作用是循序渐进、逐步提高的。该原则要求在进行体育锻炼或发展某种身体健康素质时应该逐渐增大运动负荷。要想获得理想的锻炼效果,增加运动负荷不宜太慢或太快。运动负荷增加太慢会限制身体健康素质的进一步提高,增加太快可能造成疲劳过度或引发运动损伤。循序渐进原则的应用可采用"百分之十规则"这个规则的含义是每周的运动强度或持续运动时间的增加不得超过前一周的 10%。当锻炼者达到其所希望的体能时就无须再增加运动强度和持续时间。以某种固定的负荷进行有规律的锻炼就能保持这种体能水平。但值得注意的是如果停止锻炼,锻炼者的体能水平就会随时间的推移而回复到锻炼前的水平。

循序渐进原则的运用如下。

(1)必须根据自身的实际情况确定运动负荷的大小,做到量力而行。

(2)运动负荷应由小到大,逐渐提高。开始从事体育锻炼或中断体育锻炼后恢复锻炼时,强度宜小,时间宜短,密度不要大,不要急于求成。

(3)要注意提高人体已经适应的运动负荷,使体能保持不断增强的趋势。随时加强自我监督,密切注意身体机能的不良反应。

(4)开始锻炼时,要有一个准备适应过程,然后逐渐加大运动负荷。锻炼结束后,应做好放松整理活动。

（5）缺乏一定体育锻炼基础的人,或中断锻炼过久的人,不应参加紧张激烈的体育比赛。

（6）身心处于适宜状态,使之适应每个人的心理负荷,不仅利于健康,而且也能得到心理满足。

四、安全性原则

安全性原则要求在体育锻炼的过程中始终注意保护自己,做到安全第一。其主要内容包括:①不要盲目参加超过自己的能力的活动;②每次练习前必须做好充分的准备活动;③饭后、饥饿或疲劳时应暂缓锻炼,生病刚愈不宜进行较大强度的锻炼;④每次锻炼后要注意做好整理、放松活动;⑤在制订或实施自己的锻炼计划前一定要经过体检和医生的认可。如果患有某种疾病或家族遗传病史需要找大夫咨询,在有医务监护的情况下按照体育教师和医生的建议进行锻炼。

五、专门性原则

专门性原则是指锻炼时针对身体的某一部位或某一机能进行反复的练习。如果锻炼的主要目的是为了提高有氧能力就应该选择慢跑、步行、自行车、有氧操、游泳等运动项目进行锻炼。所以进行身体锻炼时应根据自己确定的锻炼目标来选择适当的锻炼内容与方法,这样才能更好地帮助自己实现锻炼目标。

六、恢复性原则

人体机能的提高是通过锻炼、疲劳、恢复、再锻炼这样一个循环往复的过程而实现的。由于锻炼会使身体产生疲劳,因此要想从锻炼中获得最大的效益,在下一次锻炼之前必须注意休息,保证体力得以恢复。

七、锻炼效果的可逆性原则

锻炼效果的可逆性是指由于停止锻炼而引起体能水平的下降。尽管锻炼之间的休息对获得最大锻炼效果至关重要,但休息时间过长（几天或几周）则会降低体能水平,保持体能水平需要通过有规律的锻炼。那么,如果停止锻炼,体能水平下降会有多快呢？对这一问题的回答取决于锻炼涉及体能的哪一种成分,例如,当停止力量练习后,肌肉力量下降相对较慢。相比之下,当停止耐力练习后,肌肉耐力水平的下降就较快。研究表明,停止力量练习 8 周后,肌肉力量仅下降 10%,但停止耐力练习 8 周后,肌肉耐力水平则下降 30%～40%。

八、大小运动量相结合原则

交叉采用大小锻炼量不仅能提高锻炼的效果,而且能降低身体受伤的可能。换言之,注意交叉采用大小锻炼量能使锻炼者从一种锻炼方案中获得最大收益。因此,应该做到:①不要连续几天进行高强度锻炼;②高强度锻炼一周最多只能进行三次;③每周安排一次超强度锻炼,让身体尽全力活动;④了解自己身体状况,合理安排活动内容。如果肌肉疼痛不断或疼痛加剧,应立即停止锻炼。另外,在进行大运动量锻炼时,应逐渐增加运动强度。

九、自觉积极性原则

自觉积极性原则,主要是指体育锻炼者,必须有明确的锻炼目的,确信"生命在于运动"的科学道理,自觉积极地进行体育锻炼。此原则亦称意识性原则。体育锻炼是一个自我锻炼,自我完善,并总是伴随着克服自身的惰性,战胜各种困难的过程。同时,还要有一定的作息制度做保证,只有把体育锻炼当作生活中不可缺少的一部分时,才能获得愉悦的情感体验。

尽管具体的锻炼手段和方法因人而异,但增强体能的锻炼原则是每一位锻炼者都应该遵循的。

第二节　力量素质的锻炼方法

一、力量素质锻炼的方法和手段

(一)静力性力量锻炼

静力性练习的一般方法是以最大用力来完成,每次持续时间为 5～6 秒钟,时间过长或过短都会影响锻炼效果。静力性锻炼的主要手段如下。

▶▶ 1. 对抗性静力锻炼

身体姿势保持固定不变,用极限的力量对抗固定的物体,如两肩顶住固定重物；做半蹲向上对抗用力，坚持 8～12 秒钟，练习 2～3 组；手抓高单杠，屈臂悬垂 10～15 秒钟；两人相互掰手腕对抗，等。

▶▶ **2. 负重静锻炼**

根据某部位肌肉力量的需要，确定一定的姿势，担负一定的重量，身体姿势保持固定不变。如肩负一定重量的杠铃半蹲，固定不动，坚持 6～12 秒钟，做 2～3 组；两手持哑铃前或侧平举，固定不动。

▶▶ **3. 动静结合锻炼**

根据发展某部位肌肉力量的需要，开始做动力练习，然后身体保持一定姿势，固定不动，用极限力量对抗不动的物体。如屈膝固定不动（静力练习），两手臂提拉杠铃（动力练习），坚持 5～6 秒钟，练习 2～3 组。

（二）动力性力量锻炼

▶▶ **1. 克服自身重的练习**

（1）跑，包括上坡跑、高抬腿跑、后蹬跑、台阶跑等。

（2）跳，包括单足跳、多级跳、侧跨跳、原地纵跳、收腹跳、箭步蹲跳、下蹲跳、跳台阶等。

（3）支持和引体，包括双臂屈伸、双杠支撑摆动、俯卧撑、立卧撑、正和反握引体向上、颈后引体向上、单杠悬垂收腹举腿、途板收腹，仰卧起坐等。

▶▶ **2. 克服阻力的练习**

（1）推和举，包括卧推杠铃、身体直立向上推举杠铃、抓举杠铃、挺举杠铃、哑铃交臂举、哑铃侧平举、推铅球、推实心球、打篮球时传球和投篮球等。

（2）提和拉，包括俯立提拉杠铃或壶铃、半蹲提拉杠铃、提杠铃或壶铃侧屈和前屈、拉力器扩胸、橡皮带抗阻力等。

（3）蹲和跳，包括深蹲杠铃、半蹲杠铃、弓箭步蹲杠铃、持壶铃深蹲跳、持壶铃半蹲跳、穿沙背心做各种跳练习等。

（三）绝对力量锻炼

绝对力量的锻炼一般采用负加重量（增减重量）锻炼方法，以较少的次数×举接近最大重量(次极限重量)或最大重量(极限重量)的重物,如在卧推杠铃、深蹲和半蹲杠铃时经常采用。在锻炼时要循序渐进,一般从最大重量的60%左右开始,一直增加到最大重量。开始练习每组举或蹲3次左右,随重量增加次数逐渐减少,接近最大重量时只举或蹲1次,共做4~5组,然后将重量减到80%~85%,再练习3~4组,每组3次左右,完整的练习共8组左右,这种练习称为塔式练习法。

(四)相对力量锻炼

相对力量要求锻炼者具有较大的克服自身体重的能力。锻炼的主要手段有体操、短跑、举、摔跤、拳击等。可采用负荷量大,重复次数少,运作速度快等方法来练习。

(五)速度力量锻炼

速度力量的锻炼一般是以中等或中小负荷量(最大负荷量的60%~80%),重复次数较少,以最大速度完成动作,这样练习效果最好,如用中、小重量的杠铃做快速推举等练习,每组6~8次,练习4~6组。在锻炼速度力量的方法中,超等长练习最为有效。超等长练习是指肌肉在工作之前先被拉长,而后马上又缩短,如跳跃的踏跳和投掷发力时的动作以及连续纵跳等练习,对于发展上、下肢的爆发力很有效。

(六)力量耐力锻炼

力量耐力锻炼要求有一定的重复次数和时间、甚至达到极限为止。如做引体向上、俯卧撑、收腹举腿、仰卧起坐、双臂屈伸等练习,都可以有效地发展力量耐力。

二、力量素质锻炼的要求

(一)力量素质锻炼要按年龄和生理规律执行

(1)男生17岁、女生16岁以后,是力量锻炼的良好时机,因为此时青少年的身体形态生长趋慢,肌肉生理横断面开始增大,所以可以进行较大负荷的力量锻炼。

(2)遵循年龄规律的同时,也要考虑个人的体质、健康与发育状况,科学地安排运动负荷。

(3)女生一般以克服自重的练习为主,多采用小重量的练习。

(二)力量素质锻炼要考虑全面发展

(1)大肌肉群、主要肌肉群(下肢、腰腹部和肩、背部及上肢肌肉群)和薄弱的小肌肉要得到全面协调的发展。

(2)大力量和小力量练习、缓慢和快速力量练习、肌体局部和整体力量练习,要结合起来进行,并进行各种动作交替练习,以达到全面发展的目的。

(三)力量素质锻炼姿势要正确、动作要规范

(1)力量素质锻炼时,要根据人体肌肉分布的特点和所需要的力量类型动作设计和锻炼。

(2)规定的动作要准确、到位,有条件时最好对着镜子练习。

(四)力量素质锻炼的时间间隔要合理安排

(1)开始阶段以隔日锻炼为好,随着锻炼水平的提高,可以每日坚持锻炼。

(2)大运动负荷的力量锻炼,可以隔两日或三日锻炼一次。

(3)力量练习在两组之间的间歇,一般以 2～3 分钟为宜,中小负重或练习次数少,可间歇 1.5～2 分钟。

(五)力量素质锻炼要注意呼吸调节、放松调整和恢复

(1)在进行极限和次限负重练习之间,要做数次深呼吸,憋气时间不得过长。

(2)每组练习结束后,应立即做放松练习,以便提高肌肉的弹性,防止肌肉僵硬。

(3)力量练习结束后,要注意身体保暖,有条件可利用自我或相互按摩、热水浴等手段帮助恢复,要注意营养补充,特别是蛋白质的补充。

第三节　耐力素质的锻炼方法

一、耐力素质锻炼的方法和手段

(一)有氧耐力的锻炼

提高有氧耐力主要是发展心肺功能水平。一般锻炼方法是心率负荷控制法,有氧耐力锻炼的负荷强度,一般是心率控制在 140～170 次/分钟,约为锻炼者所能承受最大强度心率负荷的 75%～85%,持续练习时间最少 5 分钟,然后经过短暂的休息间隔,再进行重复练习。随着耐力素质的提高,充分发挥间歇练习法的作用,可以从四个方面不断加以调整运动负荷,即增加重复次数,增加每次重复的时间(或距离),提高每次重复的强度和缩短间歇时间等。有氧耐力锻炼的几种主要方法如下。

》》1. 跑步

(1)中等距离慢速间歇跑,如 400 米、800 米、1 000 米、1 200 米、1 500 米。速度控制在每分钟 170～220 米。随着耐力的提高,逐渐加长距离。

(2)中长距离匀速、慢速跑,如 2 000 米、3 000 米、4 000 米、5 000 米、8 000 米、10 000 米,速度根据距离长短与体力进行调节,心率控制在 140～170 次/分钟。

(3)定时跑,如 5 分钟、8 分钟、10 分钟、12 分钟、15 分钟、20 分钟定时跑等,以心率控制在 140～170 次/分钟为宜。

》》2. 跳绳

根据身体情况和需要,可进行单脚跳、双脚跳、跑步跳等。

(1)计数间歇跳,例如规定跳 100 次、200 次、300 次、400 次、500 次等,速度控制在 70～100 次/分钟,间歇时间在 3～5 分钟,次数与组数成反比。

(2)计时间歇跳,例如规定跳 1 分钟、2 分钟、3 分钟、4 分钟、5 分钟等,心率控制在 100～170 次/分钟,时间与组数成反比。

▶▶ 3. 游泳

在游泳时,可以通过慢速间歇游和慢速中长距离游来锻炼有氧耐力。

▶▶ 4. 登山和跑楼梯、骑自行车

根据个人不同的条件,可以在控制心率负荷的情况下登山、跑楼梯和骑自行车来锻炼有氧耐力。

▶▶ 5. 球类、溜冰和划船

发展有氧耐力可以根据个人的兴趣,进行篮球、排球、足球、网球、乒乓球、羽毛球、滑冰、划船和游戏等活动来锻炼。

(二)无氧耐力的锻炼

无氧耐力锻炼分为非乳酸性和乳酸性耐力锻炼。

▶▶ 1. 非乳酸性耐力锻炼的方法与手段

采用 95% 左右的强度、心率控制在 180 次/分钟以上,负荷持续时间 3~8 秒钟的大强度锻炼,可以有效地发展非乳酸性耐力。如采用 20~70 米的加速跑、8~20 米快速游泳等练习手段,重复 3~5 次为 1 组,练习 5~8 组,次与次之间间歇 2~3 分钟,组与组之间间歇 7~10 分钟。

▶▶ 2. 乳酸耐力锻炼的方法与手段

采用 85%~95% 的强度,心率处于 160~180 次/分钟,负荷持续时间多于 35 秒钟,控制在 1~2 分钟的锻炼,可以发展乳酸性耐力,具体手段如下。

(1)采用 400 米重复跑,重复 3~4 次为 1 组,练习 2~3 组,次与次之间间歇 5~6 分钟,组与组之间间歇 15~20 分钟。

(2)采用 200 米~300 米~400 米~500 米~400 米~300 米~200 米塔式跑,可以发展乳酸性耐力,练习 2~3 组,次与次间歇时间与跑距成正比,若控制在 3 分钟 7 分钟—3 分钟,组与组间歇为 15~20 分钟。

(3)采用快速跑与慢速交叉练习,如 100 米慢跑与 100 米快速跑、200 米慢跑与 200 米快跑,跑 2~4 次为 1 组,练习 3~4 组,次与次间歇 6~7 分钟,组与组间歇 15~20 分钟。

(三)肌肉耐力的锻炼

肌肉耐力主要的锻炼方法是采用负重进行多次重复练习,负荷强度中等,坚持 13～18 次练习,4～5 组。

(1)肌肉耐力锻炼主要有以下手段。

(2)克服身体自身阻力锻炼,例如俯卧撑、引体向上、屈臂悬垂、双臂屈伸、仰卧起坐、收腹举腿、斜板收腹等练习,练习 13～18 次为 1 组,做 4～5 组,组与组间歇 2～3 分钟。

(3)克服外界阻力锻炼,例如推举、提拉、深蹲和半蹲杠铃、哑铃、壶铃、拉力器、橡皮带等练习,都可以发展肌肉耐力。

二、耐力素质锻炼的要求

(1)发展耐力素质要充分考虑年龄、性别及生理特点,男生在 17 岁以后,女生在 16 岁以后发展耐力较好,女生的运动负荷与男生有差别。

(2)发展耐力素质应该以有氧耐力锻炼为基础,不得一味追求无氧耐力锻炼。

(3)耐力锻炼必须持之以恒,逐步加大运动负荷,要有不怕困难和顽强的意志品质。

(4)耐力锻炼中要重视呼吸技术。

(5)耐力锻炼后,应重视疲劳的消除。

第四节　速度素质的锻炼方法

一、速度素质的锻炼方法和手段

(一)反应速度的锻炼

(1)听哨声、击掌声、鸣枪声等信号进行起跑或其他相应动作,通过反复练习可以提高对声的反应。

(2)辨认数字或听数字,并做出相应的数字反应动作,如将 20 个人分成单数和双数两组,交叉站一圆圈,中间放一足球,指挥者叫"单数",则单数 10 人迅速去争抢中间的球,反复练习可以提高反应速度。

(3)看手势或标记进行起跑或其他相应动作的反应练习。

(4)2人一组,做相互触摸对方肩或背的练习,谁被触摸次数多,即为反应速度慢,因此要求尽量避免被触摸。

(二)动作速度的锻炼

(1)采用牵引跑、顺风跑等方法提高短跑的动作速度,即借助力提高动作速度。

(2)通过加大动作难度提高动作速度,如捆沙袋或穿沙衣跑或跳跃,在跑步之前先做蹲或半蹲杠铃练习等。

(3)合理地控制动作速度与间歇时间,可以采用慢—快—最快、快—慢的速度节奏练习,间歇时间不能过长,以免兴奋性较大幅度地下降,不利于下一组的速度练习。

(三)移动速度的锻炼

(1)短距离的重复跑,并严格控制间歇时间,如进行 60～80 米重复跑,两次练习之间的间歇时间,第一次跑后,一般是以人体的心率恢复到不低于 120～140 次/分钟,再开始下一次跑,这样可以有效地提高无氧代谢的能力。

(2)经常采用超主项的跑。如发展 100 米跑的速度,可以经常跑 110 米或 120 米等。

(3)注意发展肌肉的弹性、伸展性和关节的灵活性,如各种柔韧性练习与摆腿或踢腿练习相结合等。

(4)用中小负重半蹲或深蹲来发展腿部和腰部等部位的力量,主要是通过较快速的练习动作来发展爆发力,最后达到提高动作速度的目的。

二、速度素质锻炼的要求

(1)速度素质锻炼要考虑年龄特点。人在 30 岁以前是发展速度的有利时机。

(2)速度锻炼时,一般是采用最熟练的技术动作,并以最快速度去完成练习。

(3)发展速度素质应该与其他相关的素质,如力量、速度耐力、灵敏度等相结合进行练习。

(4)速度素质锻炼持续时间不应超过 20～30 秒钟,要有严格的间歇时间。

(5)速度素质锻炼一定要在力量或耐力锻炼之间进行,以免出现伤害事故。

第五节　灵敏素质的锻炼方法

一、灵敏素质的锻炼方法和手段

(一)参加各种球类项目锻炼

参加不同的球类项目活动是发展灵敏素质的重要手段,如篮球、足球、排球、乒乓球、羽毛球、网球等。

(二)参加各种游戏活动

活动性游戏是灵敏素质锻炼的良好手段,如两人相互"追影子",贴"膏药"、跳绳、橡皮筋、听看各种信号进行变向跑、侧身跑、后退跑、变速跑和各种躲闪、转体等。

(三)进行调整体位的锻炼

经常练习倒立、摆荡、摆越、滚翻、侧手翻和各种平衡能力(如在平衡木上走、跑、跳)等

(四)不同于常规动作的锻炼

可以经常进行后退走、跑、跳、左手打乒乓球、羽毛球、向相反方向做操和打拳等。

(五)进行各种舞蹈、健身操锻炼和武术锻炼

参加跳舞和健身操锻炼是发展灵敏素质的好方法,如各种普标舞、青年健美操、广播体操以及武术项目的拳术、剑术、刀术等。

二、灵敏素质锻炼的要求

(1)女子进入青春期,由于内分泌暂时超常变化,生理机能下降,导致灵敏素

质出现明显下降趋势,这时一定要遵循上述生理规律,进行适当的锻炼,到青春后期仍可得到恢复和发展。

(2)灵敏素质也应与其他相关的素质(如速度、柔韧、力量等)相结合进行锻炼。

(3)灵敏素质锻炼的时间不要过长,练习次数不宜过多,练习的组次之间要有足够的间歇时间,练习与间歇的时间之比约为1:3。灵敏与速度练习时间过长大脑易产生疲劳,控制练习与间歇时间,主要是为了防止受伤和提高练习效果。

(4)灵敏素质练习可安排在情绪状态佳、精神饱满、体力充沛的时间练习。

第六节　柔韧素质的锻炼方法

一、柔韧素质的锻炼方法与手段

(一)主动练习法

主动练习法是指不依靠外力而通过肌肉的主动收缩来增加关节灵活性的锻炼方法。它可以分为主动动力性练习和主动静力性练习。主动动力性练习有动作次数的重复、有负重或不负重的,如各种摆腿、踢腿、绕环、甩腰、涮腰、扩胸等练习。主动静力性练习是一种依靠自身肌肉的力量,使动作达到最大幅度并保持静止姿势的练习,如双杠直角支撑、体前屈、手撑地左右分腿或前后分腿劈叉等练习。

(二)被动练习法

被动练习法是指依靠外力的作用,增大关节灵活性的一种方法。它也可分为被动动力性和被动静力性两种方法。被动动力性是依靠他人的助力来拉长肌肉、韧带的练习,如后举腿练习时,借助力抬高后举的幅度,坐立向前屈体时,用人在背部向前推压等练习。被动静力性练习是借助外力保持固定的姿势,如借助力保持体前屈,借助力向前、后、侧、抬腿等练习。

二、柔韧素质锻炼的要求

(1)柔韧素质练习时不能无限度地发展,以免过度,影响健康,

(2)锻炼过程中要循序渐进,不能使用力和速度过猛过快。

(3)动作幅度、范围不能超过正常的生理范围,以免拉伤或损伤,练习时以感到酸、账、痛为限。

(4)静力性练习软组织被拉长而有酸、胀和痛感时,应停留 8～10 秒钟,重复练习 8～10 次效果较好。

(5)动力性练习每组以 7～30 次为宜,练习 3～4 组。柔韧性练习的总时间不宜过长。

第五章　常见运动性损伤和运动性疾病

第一节　运动损伤

一、运动损伤的概念和分类

在体育锻炼中,造成人体组织或器官在解剖上的破坏或生理上的紊乱,称为运动损伤。运动损伤按时间可分为新伤和旧伤;按病程可分为急性和慢性;按性质可分为开放性损伤和闭合性损伤。认识运动损伤的分类是处理损伤的前提,也是诊治的依据。

二、运动损伤发生的原因

运动损伤的发生绝非偶然,有其多方面的原因和一定的规律性,掌握了运动损伤发生的原因和规律,就能杜绝或减少运动损伤。学生在体育活动中发生运动损伤的原因,有潜在因素和直接因素。

(一)潜在因素

人体解剖学结构的不完善和弱点是潜在的致伤因素。如肩关节由肱骨和肩胛骨的关节盂构成,由于肱骨头大,肩胛盂小关节活动灵活而稳定性差,加上肌力不足,韧带弹性差,容易造成肩关节损伤。

各项运动项目、运动技术对人体在活动时都有特殊的要求,而这种特殊要求往往会触及机体的易犯部位,成为运动损伤的潜在因素。如篮球运动的滑步动作对膝关节要求很严,膝关节处于屈膝蹲立时,周围几乎没有肌肉保护,其内侧和外侧副韧带处于松弛状态,膝关节的稳定性较差,所以容易发生膝损伤。

人体解剖学结构、运动项目、运动技术对机体活动的特殊要求,也是发生运动损伤不可忽视的潜在因素。

(二)直接因素

直接因素包括内在主观因素与外在客观因素两个方面。

内在主观因素有参加者在思想上对运动损伤的预防、重要性和可能性认识不足；自我保护等安全措施未予重视；体质弱、身体素质差、力量小、速度慢、耐力不足、柔软性差、反应迟钝；技术水平低、动作不熟练、大脑皮层运动中枢的兴奋和抑制扩散，造成肌肉紧张，产生多余动作，使动作僵硬、不协调和不正确等技术动作的错误；违反了身体结构、特点及运动时的力学原理；运动时心情不愉快，操之过急，睡眠、休息不好；带伤、伤病初愈、运动负荷安排不当，运动前不做准备活动或准备活动不充分、神经系统和各部组织器官不能充分动员起来等，都会导致运动损伤的发生。

外在客观因素有锻炼方法不合理，没有从实际出发和违反锻炼的原则；保护和帮助缺乏或不及时、不正确；场地器材设备不完善、场地不平、光线不足、器材设备不合要求、器械不牢固；运动服、鞋不适宜或携带校徽、小刀等物品；动作粗野、违反规则、气温过高或过低等都会产生运动损伤。

三、运动损伤发生的预防

要坚持预防为主，加强体育保护意识、道德观念、遵守规则的教育；认真检查场地器材设备和衣着；克服运动损伤不可避免和运动损伤发生的恐惧心理；要根据气候、锻炼内容、时间以及锻炼原则，充分做好准备活动和整理活动；要加强身体的全面发展，提高身体素质，对易受伤的部位要加强锻炼，使身体各个器官、系统的机能都得到发展；要加强自我保护和互相帮助的意识，以防事故的发生；要加强自我医务监督，有伤病或尚未痊愈的人要在医生的指导下参加体育活动，合理安排好运动量和运动强度。

四、常见的运动损伤类型与处理方法

常见的运动损伤类型有开放性软组织损伤、闭合性软组织损伤、脑震荡、骨折和关节脱位。

（一）开放性软组织损伤

擦伤：外伤中伤势最轻、最常见的一种，擦伤是皮肤被粗糙物件摩擦所致。例如，运动中摔倒，发生皮肤擦伤，伤处有擦痕，并有小出血点和组织液渗出。

撕裂伤：由钝器打击所引起的皮肤和软组织裂开的损伤。多见于头部、面部，例如，在器械体操中，器械碰撞头部，使头部破裂；打篮球时眉弓被对方臂肘碰撞而造成皮肤破裂等。撕裂伤的伤口边缘不整齐,周围组织受破坏,易引起出血和肿胀。

刺伤:由细长尖锐的器物刺入体内所致,例如,被运动场上的钉子或跑鞋、跳鞋的钉子、标枪与器械上的木刺刺人体内。

开放性软组织损伤的临场处理方法:开放性软组织损伤都有不同程度的外出血,因此要及时止血,而后处理伤口,以预防感染。小面积皮肤轻度擦伤,可用生理盐水或冷开水冲洗伤口,经双氧水消毒后,以红汞或龙胆紫液和抗菌素涂抹,无须包扎,但脸部擦伤不宜涂抹龙胆紫液。关节附近的擦伤,不宜采用暴露治疗法,否则容易干裂影响关节活动,一旦感染易波及关节,可在伤口上搽抹磺胺软膏,并用消毒敷料敷盖包扎。大面积严重损伤口有煤渣、碎石、砂粒等异物,应用消毒的小镊子细心取出,再处理伤口,伤口消毒后撒消炎粉,用消毒纱布或凡士林油纱布敷盖,并用绷带包扎,伤口较脏时,可用抗生素治疗与肌注破伤风抗毒血清 1 500 单位(先做皮试)。伤口大者还要及时进行缝合与包扎。

(二)闭合性软组织运动损伤

挫伤:由于钝力(打击、挤压、碰撞、摔倒)直接作用于人体,使局部软组织受伤。例如,运动中互相冲撞、被踢打或与器械撞击,均可造成挫伤。这种损伤轻者如皮下组织肌肉、韧带的挫伤;重者如头、胸、腹或睾丸、肌纤维断裂或深部血肿的挫伤。

拉伤:由于外力的作用,使肌肉、肌腱、筋膜和韧带过度牵拉而引起的损伤。例如,短跑中后蹬跑结束屈膝前摆腿、跨栏中摆动腿过栏、跳高时摆动腿上摆时,因原动肌(大腿前群肌)猛烈收缩,而对抗肌(大腿后群肌)不能及时放松或伸展,以致被迫拉长而发生大腿后肌群的拉伤;又如"压腿、劈叉"等练习,便会因肌肉拉长范围超过原来的伸展程度而致伤。

扭伤:因动作不慎,例如,拧转、挤压、拼挺等,使关节发生超常范围的活动,造成关节囊、韧带、肌腱的损伤。常见的有踝关节、膝关节和肘关节扭伤。例如,跑、跳中踝关节内翻、扭伤;体操下器械以及球类运动中的腾空落地不稳时,引起膝关节内侧副韧带扭伤;投掷标枪时,动作不正确,出手时前臂处于极度的外展,又受到较大的反作用力,引起肘关节内侧副韧带损伤、前臂肌附点损伤等。此外,在体操、举重练习中也常常会发生急性腰扭伤。

闭合性软组织损伤的临场处理方法有以下几种。

制动:损伤后伤部功能活动受限,若继续勉强进行活动,会加重组织的损伤和出血,不利于恢复。因此,损伤后应根据伤势程度减少或停止损伤部分的活动或使用局部固定的方法。

止血防肿:损伤后均发生内出血,出血越多,血肿越严重,恢复过程也越慢,易形成组织粘连,影响以后功能的恢复。所以,损伤发生后应尽快止血防肿,一般可用冷敷、加压包扎或抬高伤肢等。冷敷可用冷水、冰袋或冷毛巾裹住伤部或用乙烷喷射表面,使局部组织降温和血管收缩,以免伤及周围毛细血管扩张而增加出血。

活血祛淤,消肿止痛:一般在 24～48 小时后,出血停止,这时可以拆除包扎,进行热敷、按摩、理疗等,以促进伤部的血液循环,解除肌肉痉挛,加速血肿和渗出液的吸收,减轻疼痛和肿胀,以达到活血祛淤、消肿止痛的目的。

功能锻炼,功能锻炼可以促使受伤肢体较快地康复。功能锻炼能改善受伤肢体的血液循环和代谢,预防损伤组织的粘连与萎缩,加速愈合。进行功能锻炼时,其活动的幅度、强度和数量应逐渐增加,忌用暴力,以免造成再次损伤。

(三)脑震荡

脑震荡的体征:脑震荡是指大脑神经细胞和神经纤维受到强烈的外力震荡所引起的意识和机能暂时性的障碍。脑震荡发生后,受伤者立即会出现一时性意识丧失或精神恍惚,肌肉松弛,呼吸表浅,脉搏稍缓,瞳孔稍大但对称,神经反射减弱或消失。这些情况的时间长短不一,短则数秒钟,长则数分钟到半小时。意识清醒后,伤员对于受伤情景的记忆遗忘,并有不同程度的头痛、头晕、耳鸣、恶心、呕吐等症状。

脑震荡的临场处理方法:脑震荡发生后,立即让伤员安静平卧,严禁摇动、牵扯、随意移动位置,头部两侧要用衣服填塞,以免左右摇晃,头部冷敷,身体保暖。对昏迷者可掐其人中、合谷穴,使其复苏。对呼吸发生障碍者,可以人工呼吸,对昏迷超过 4 分钟以上,两侧瞳孔大小不一,鼻、口、耳出血,眼球青紫,清醒后剧烈头痛、呕吐或又再度昏迷者,应立即送医院抢救。对短时间意识恢复的轻伤者,要让其卧床休息,不宜过早参加体育运动,否则容易留下头痛、头晕等后遗症。

(四)骨折

骨折的体征:骨的完整性和连续性中断,称为骨折。骨折常在直接或间接的暴力作用下发生。根据骨折处是否与外界相通,可分为闭合性骨折和开放性骨折;根据骨折的程度和形态可分为不完全骨折和完全骨折。在体育锻炼中发生骨折是较为严重的损伤事故,骨折以闭合性骨折为多,开放性骨折较少,尤为多见四肢长骨完全性骨折。骨折发生后,骨折处有疼痛与压痛,局部肿胀与瘀斑,在骨折部可能出现畸形(肢体变长或变短或角度畸形),并由于肢体内部支架断裂,失去杠杆的支持作用,导致功能障碍或丧失活动功能。完全性骨折后,局部可能出现类似关节的活动,搬动患肢可能听到骨擦声。严重骨折常伴有出血和神经损伤,因此容易产生休克,危及生命。

骨折的临场处理方法有以下几种。

止痛抗休克:骨折发生后若疼痛剧烈,容易发生休克。休克的症状如脸色苍白、血压下降、血流缓慢、四肢发冷、体温下降、神志不清呈昏迷状态,这时应立即止痛抗休克。其方法是:让伤员安静躺下,略放低头部,以增加头部供血量,同时注意保暖,并给予止痛或镇静剂。如呼吸困难,应松开衣领,使呼吸畅通或进行人工呼吸。如伤员昏迷不醒,可用手指掐人中、合谷穴,使其复苏。

伤口处理:对开放性骨折,不要把刺出皮肤的断骨送回伤口,以免感染;伤口出血时,应先迅速止血后消毒覆盖包扎。搬运伤肢动作要轻柔,避免伤肢移位。

安全转送医院:在没有把握或条件不具备的情况下,严禁随意复位,不无故移动伤员或伤肢。为了不暴露伤口,不可脱衣,但可松开衣服,尽快护送到医院医治,途中应减少震动,并注意观察。

(五)关节脱位

关节脱位的体征:关节脱位(又称脱臼)即组成关节的各骨之间的关节面彼此失去正常的对合关系。常见上肢关节脱位多于下肢,且以肩、肘关节脱位为多见。其原因是上肢关节结构较下肢关节薄弱。例如,篮球、足球比赛中腾空争球互相发生碰撞,身体失去了平衡而使肩部着地、肱骨头突然遭到暴力直接撞击,使关节脱位;摔倒后,上臂外展,手或肘部着地,外力通过传导引起肘关节和肩关节脱位。关节脱位一般都会引起关节囊和韧带损伤。关节脱位后有压痛、肿胀,出现畸形、关节功能丧失,严重者可能合并血管、神经受伤或骨折,发生休克。

关节脱位的临场处理有下述方法。

发生外伤性关节脱位后,首先是止痛抗休克,让伤员安静躺下,注意保暖,并观察其变化。伤员出现休克昏迷时,应及时采取抢救措施(与骨折同样处理);然后固定脱位关节以制动,固定时注意保持脱位关节的位置,使之不得转动,更不能随意使用整复手法,做简易处理后,从速护送伤者到医院进行治疗。

第二节　运动损伤的预防与康复

一、运动中常见的生理反应和疾患

由于运动,使人体生理活动过程的有序性遭到暂时破坏,从而常常出现某种生理反应,简称"运动生理反应"。常见的运动生理反应及处置办法如下。

(一)极点和第二次呼吸

▶▶ 1.极点

在中长跑时,由于能量消耗大,特别是当下肢回流血量减少加剧了大脑氧债的积累,并达到一定程度时,就会出现呼吸急促、胸闷难忍、下肢沉重、动作不协调,甚至有恶心现象,这在运动生理学上称为"极点"。

▶▶ 2.第二次呼吸

当极点出现后,情绪要稳定,并应适当减慢跑速,加速呼吸;坚持下去,上述生理现象将会逐步缓解消失,动作会重新变得协调和有力。这标志着"极点"已有所克服,生理过程出现了新的平衡。此现象在运动生理学中称为"第二次呼吸"。

(二)运动中腹痛

▶▶ 1.原因

人体进入运动状态后,下腔静脉压力上升,血液回流受阻,致使腹部脏器功能失调,引起腹痛;有的因运动时呼吸紊乱,膈肌运动异常,引起肝脾膜张力性疼痛;也有的因运动前吃得过饱,饮水过多,以及下腹部受凉等而引起胃肠痉挛,导致疼痛。运动性腹痛多数在中长跑运动时发生。

▶▶ 2.征象

运动性腹痛部位不固定,一般因肠痉挛、肠结核引起腹腔中部疼痛,食后运动疼痛常发生在上腹部或中部;肝脾膜张力性疼痛,常在左右两侧上腹部。

》》3. 处理

对因静脉血回流障碍和准备活动不足或呼吸紊乱引起的腹痛,可采取降低运动强度、放慢跑速,同时按摩疼痛部位,并做深呼吸等方法,疼痛常可减轻或消失。对于胃肠饱胀、肠痉挛和慢性疾病引起的腹痛,如果采取上述措施后仍无效,应停止运动。

》》4. 预防

合理安排运动时间,饭后至少1小时方可进行活动,且运动前要做好准备活动,运动时要循序渐进。

(三)肌肉痉挛

肌肉痉挛俗称抽筋,症状是肌肉不自主地突然性强直收缩,并变得异常坚硬。

》》1. 原因

在剧烈运动中,由于肌肉快速连续性收缩,导致肌肉收缩与放松的协调交替关系被破坏,特别是局部肌肉处于疲劳时更容易发生肌肉痉挛。肌肉受到寒冷的刺激,或因情绪过于紧张,也可引起肌肉痉挛。

》》2. 征象

肌肉痉挛时,局部肌肉产生剧烈性收缩,并变得坚硬和隆起,疼痛难忍,且一时不易缓解。

》》3. 处理

立即对痉挛部位进行牵引。如腓肠肌痉挛时,可伸直膝关节,并做足的背伸动作;若屈拇肌、屈趾肌痉挛,则用力将足趾背伸。处理时最好有同伴协助,但切忌施力过猛。此外,可配合局部按摩、点穴(承山、涌泉、委中穴等),以加速痉挛的缓解和消失。

》》4. 预防

运动前做好准备活动,对容易发生痉挛的肌肉可先进行按摩;冬季锻炼时,要注意保暖;夏季进行剧烈运动时,应注意补充盐分;游泳下水前,应先用冷水淋浴,游泳时不要在水中停留时间过长;疲劳和饥饿时,不要进行剧烈运动。

(四)运动性昏厥

运动中,由于脑部供血不足,氧债不断积累并达到一定程度时,即可发生一时性知觉丧失,这一现象称为运动性昏厥。

▶▶ **1.** 原因

由于剧烈运动或长时间运动,大量血液积聚在下肢,回心血流量减少,导致脑部供血不足而常出现昏厥状态。如跑后立即停止不动,亦可出现"重力休克"现象。

▶▶ **2.** 征象

全身无力、眼前一时发黑、面色苍白、手足发凉、失去知觉而昏倒;脉搏慢而弱、呼吸缓慢、血压降低等。

▶▶ **3.** 处理

立即将患者平卧,足略高于头部,并进行向心方向按摩,同时指压人中、合谷等穴位。如有呕吐,应将患者头偏向一侧,以利呼吸道畅通。如呼吸停止,应立即进行人工呼吸。轻度征象者,由同伴搀扶慢走,并进行深呼吸,即可消失症状。重症患者,经临场处理后送医院治疗。

▶▶ **4.** 预防

不要在饥饿情况下参加剧烈运动;疾跑后不要立即停下来;久蹲后也不要突然起立;平时要加强体育锻炼,以增强体质。

(五)中暑

▶▶ **1.** 原因

在高温环境中,特别是在温度高、通风不良、头部又缺乏保护而被烈日直接照射的情况下进行体育锻炼,因体温调节功能障碍,易发生中暑。

2. 征象

轻度中暑可出现面部潮红、头晕、头痛、胸闷、皮肤灼热、体温升高等症状；严重时，可出现恶心、呕吐、脉搏快而细弱、精神失常、虚脱抽搐、血压下降，甚至昏迷等。

3. 处理

迅速将患者移至通风、阴凉处，解开衣领，冷敷额部，用温水抹身，并给予含盐清凉饮料或十滴水，数小时后即可恢复正常。对严重患者，经临时处理后应迅速转送医院治疗。

4. 预防

在高温炎热季节锻炼时，应适当减少运动量，缩短运动时间，避免在烈日下长时间锻炼；夏天在室外锻炼时，宜穿浅色衣服，戴遮阳帽；在室内锻炼时，应有良好的通风，并注意饮用低糖含盐饮料。

（六）运动性贫血

我国成年健康男子每 100 毫升血液中含血红蛋白量为 12.5～16 克，女性为 11.5～15 克。若低于这一生理数值，则视为贫血。因运动引起的血红蛋白质量减少者，称为运动性贫血。

1. 原因

（1）由于运动时机体对蛋白质与铁的需要量增加，一旦需求量得不到满足，即可引起运动性贫血。

（2）运动时，脾脏释放的溶血卵磷脂能使红细胞的脆性度增加；加上剧烈运动时血流加快，易引起红细胞破裂，从而导致运动性贫血。

（3）少数学生由于偏食或爱吃零食，影响正常营养摄入；长期慢性腹泻，影响营养吸收，运动时也常出现贫血现象。

2. 征象

运动性贫血发病缓慢，平时表现有头晕、恶心、气喘、体力下降，运动后出现心悸、心率加快、脸色苍白等。

>> **3. 处理**

如运动中(后)出现头晕、无力、恶心等现象时,应适当减少运动量,必要时暂停运动,补充富含蛋白质和铁的食物,口服硫酸亚铁片剂和维生素 C,对缺铁性贫血的治疗有明显的效果。

>> **4. 预防**

锻炼时要遵循循序渐进原则,并克服偏食习惯。

(七)肌肉酸痛

在一次运动量较大的锻炼以后,或是隔了很长时间未锻炼又开始锻炼之后,往往会出现肌肉酸痛。这种酸痛不是发生在运动结束后即刻,而是发生在运动结束 1~2 天以后,因此也称为延迟性疼痛。其原因是运动时肌肉活动量大,引起局部肌纤维及结缔组织的细微损伤,以及部分肌纤维的痉挛所致。

处置方法:可对酸痛的局部肌肉进行热敷按摩,促进血液循环及代谢过程,有助于损伤组织的修复及痉挛的缓解;口服维生素 C 以促进结缔组织中胶元之合成;针灸电疗等手段对缓解肌肉酸痛也有一定的作用。

二、运动损伤的预防及处置

在运动中所发生的损伤,统称运动损伤。

(一)运动损伤的主观原因

造成运动损伤的主观原因有下述五种。

(1)思想麻痹大意是所有运动损伤因素中最主要的因素。

(2)体质弱、身体素质差或机能状态不良。

(3)技术水平低,动作不熟练或做动作时在某个环节上出现错误。

(4)运动情绪低下,伴有畏难、恐惧、害羞、犹豫以及过分紧张,致使注意力不能集中。

(5)运动前准备活动不充分,特别是缺乏针对性的准备活动。

(二)运动损伤的客观原因

造成运动损伤的客观原因有下述五种。

（1）锻炼时缺乏保护帮助，或保护帮助不及时，方法不正确。

（2）场地、器材及锻炼设施不合规范。

（3）运动负荷安排不当，局部负担过重。

（4）动作粗野、违反规则（对抗项目）。

（5）内容组合不科学，方法不合理。

（三）运动损伤的预防

为避免运动带来的损伤，可按下述方法预防。

（1）加强运动安全教育，克服麻痹思想，提高预防损伤意识。

（2）认真做好准备活动。

（3）改进技术动作，合理安排运动负荷。

（4）加强保护与帮助，特别是提高自我保护能力。

（5）做好医务监督工作，掌握运动损伤的预防与处置方法。

（四）常见运动损伤的处置

▶▶ 1. 软组织损伤

这类损伤可分为开放性损伤和闭合性损伤两类。前者有擦伤、撕裂伤、刺伤等；后者有肌肉、肌腱、韧带、关节囊的挫伤、损伤和扭伤等。

（1）开放性软组织损伤的处置。开放性软组织损伤均有发生伤口感染的可能。初步处理时，要特别注意保护伤口，可暂用干净的纱布、绷带或毛巾等物覆盖、包扎，以防感染；如出血不止，可选择适当的方法止血。

轻度擦伤可用生理盐水（或凉开水加适量食盐）进行冲洗，再用 20％ 的红汞药水或 1.2％ 的龙胆紫药水涂抹，不需包扎。

严重的擦伤、撕裂伤、刺伤需清洗伤口，并用抗生素治疗。伤口大者还需及时缝合、包扎，对有可能受污染的伤口，应及时注射破伤风抗生素。伤口处理后，要注意护理，停止伤口局部运动，至伤口愈合。

（2）闭合性软组织损伤的处置。这些损伤的主要症状是疼痛、肿胀、活动受限。处置这些损伤时，应视受伤程度，减少或停止受伤肢体的局部活动，或做局部固定。重者应及时采用冷敷、局部加压包扎、抬高患肢等方法处理。待 24 小时后，可根据伤情采取综合治疗。例如，外敷药物、理疗、按摩等。如肌肉韧带严重断裂或关节严重扭伤者,加压包扎急救后应立即送医院手术治疗。

①肌肉拉伤

肌肉拉伤是在外力直接或间接作用下,使肌肉过度收缩或被动拉长时造成的损伤。受伤后,伤处疼痛,局部肿胀、压痛,伤后肌肉功能减弱或丧失。处理肌肉拉伤,一般施行冷敷、局部加压包扎并抬高伤肢,24 小时后可施行理疗和按摩。

②关节韧带损伤

关节致伤后,一般表现为压痛、疼痛,急性期有肿胀和皮下淤血、关节功能发生障碍等。

一般性扭伤在 24 小时内可采用冷敷,必要时可加压包扎,24 小时后采用理疗、按摩和针灸治疗。待疼痛减轻后可增加功能性练习。对急性腰扭伤,如果出现剧烈疼痛,则不可轻易扶动,应让患者平卧,并用担架送医院诊治。处理后,应卧硬板床(或腰部下面垫一枕头),使肌肉韧带处于放松状态。

▶▶▶ **2. 关节脱位、骨折、脑震荡**

(1)关节脱位。因受外力作用,使关节失去正常的连接关系,叫关节脱位,又称脱臼。关节脱位分为完全性脱位和半脱位(或称错位)两种。

关节脱位后常出现伤肢畸形,即刻发生剧烈疼痛和明显压痛,关节周围显著肿胀,关节功能丧失,有时发生肌肉痉挛,严重时出现休克。

出现关节脱位后,用夹板或三角巾固定伤肢,并尽快护送至医院治疗。如果没有整复技术和经验,切不可随意做复位动作,以免加重伤情。

(2)骨折。骨折后伤处出现肿胀,疼痛难忍,肢体失去正常功能,肌肉可产生痉挛,骨的部位可见到畸形。严重骨折伴有出血和神经损伤、发烧,乃至发生休克等症状。

一旦出现骨折后,暂勿随意移动伤肢,应先用夹板或其他代用品固定伤肢。如出现休克,应先施行人工呼吸;若伴有伤口出血,应同时施行止血,并及时护送至医院治疗。

(3)脑震荡。脑部受到严重打击后,即刻发生意识丧失,呼吸表浅,脉搏缓慢,肌肉松弛,瞳孔稍大但保持对称的征象。清醒后,常有头晕、头痛、恶心或呕吐、失眠、耳鸣、记忆力减退等症状。

致伤后,应立即让伤者平卧,不可坐起或立起,头部冷敷,对昏迷者可施行指压人中、内关穴;对呼吸障碍者,可施行人工呼吸,并立即送医院诊治。

伤者在恢复期要保持环境安静,卧床休息,直至头痛、头晕症状消失。切忌过早地参加体育运动和脑力劳动。

第三节　运动处方

一、运动处方的由来和含义

随着社会发展变化,生活的节奏和人们的饮食结构都在发生着变化。因此而带来一些影响人们健康的不良生活方式,对人们的身体健康造成了直接的不良影响,使各种疾病不断增加,甚至过去一些老年疾病在今天趋于年轻化,有些人年纪轻轻就患上了肥胖、高血压、高血脂、高血糖、脂肪肝和肠胃疾病等。

为了提高健康水平,健身运动逐渐引起了人们的重视。但是,由于各种因素和条件的限制,导致健身运动过程中出现了一些问题。如由于个体差异,使得有些人在健身运动中对运动量、运动时间、运动方法掌握不合适或不会根据自己的情况选择合适的健身运动;在发生运动损伤之后,不知道在运动损伤的康复期间做哪些功能练习更科学等。这些问题早已引起中外学者和专家的重视。人们逐步开始采用医生为病人开处方的形式为需要运动的人开"运动处方"。

运动处方源于现代康复医学,是 20 世纪末随着康复医学被引入我国而开始在综合医院康复科和疗养院中实施的一项新的课题。对于运动处方,可以理解为:由康复医师、康复治疗师以及体育教师、体育健身教练等,根据患者或体育健身者的年龄、性别及自身各项身体健康状况的检查结果,结合体育健身者的主、客观条件,用处方形式制定出一套(包括运动内容、运动强度、运动时间)合理的运动方案,并指出运动中的注意事项,科学、安全地实施,达到健身、康复、预防疾病的目的。运动处方不是药,而是运动项目和方法。

二、运动处方的分类

进入 21 世纪以来,运动处方在全世界的实施运用发展很快,运动处方的分类也在不断地改进。根据处方对象分类,我们将处方归纳为两类:康复治疗性运动处方和预防健身性运动处方。此外还有以提高运动员身体素质为目的的竞技训练运动处方。根据运动处方锻炼作用分类,目前主要有全身耐力运动处方、力量运动处方、柔韧性运动处方。在运动疗法领域内,对使用辅助用具、穿戴假肢、步态训练、操纵轮椅的训练等也都有相应的运动处方。

三、制定运动处方的步骤

(1)健康检查。了解锻炼者的一般身体发育、伤病的情况和健康状况,以确定是否是健身运动的适应者,有无禁忌症。

(2)运动负荷测定。检测和评定锻炼者对运动负荷的承受能力。以心肺功能为主,进行安静和运动状态下的生理功能检测,主要有心率、血压、肺活量等指标。

(3)体能测定。进行力量、耐力、速度和灵敏度的身体素质检测,从中判定锻炼者的运动能力和生理机能的状况。

(4)制定运动处方。

四、运动处方的内容

(一)运动目的

通过有目的的锻炼达到预期的效果。由于每个人的情况千差万别,运动处方的目的有健身的、娱乐的、减肥的、治疗的等多种类型。

(二)运动项目

在运动处方中,为锻炼者提供最合适的运动项目关系到锻炼的有效性和持久性。选择运动项目,要考虑运动的目的,是健身的还是治疗的;要考虑运动条件,如场地器材、余暇时间、气候等;还要结合锻炼者的体育兴趣爱好等。

(三)运动强度

运动强度是指运动时的剧烈程度,是衡量运动量的重要指标之一,可用每分钟的心率次数来表示大小。一般认为,心率 120 次/分钟以下为小强度;120～150 次/分钟为中强度;150～180 次/分钟或 180 次/分钟以上为大强度。测量运动强度的简单办法是,测量运动后 10 秒的脉搏×6,即 1 分钟的运动强度。

▶▶ 1. 适宜运动强度范围

可用靶心率来控制,即以本人最高心率的 70%～85% 的强度作为标准。靶心率=(220～年龄)×(70%～85%),如 20 岁的靶心率是 140～170(次/分钟)。

▶▶ 2. 最适宜运动心率

计算公式:最适宜运动心率=心率储备×75%+安静心率　心率储备=最大心率-安静心率

如某大学生 20 岁,安静心率 70(次/分钟),他的最大心率为 220-20=200

（次/分钟），心率储备为 200－70＝130（次/分钟），最适宜运动心率为 130×75％＋70＝167.5（次/分钟）。

（四）运动时间

运动时间是指一次锻炼的持续时间。它与运动强度紧密相关——强度大,时间应稍短;强度小,时间应稍长。有氧锻炼一般在 30 分钟左右就可以达到较好的效果。

（五）运动频度

运动频度是指每周的锻炼次数。

关于运动频度,日本学者池上晴夫的研究表明:每周运动 1 次,肌肉酸痛和疲劳每次发生,运动后 1～3 天身体不适,运动效果不明显;每周运动 2 次,酸痛和疲劳减轻,效果有点蓄积,不明显;每周运动 3 次,无酸痛和疲劳,效果蓄积明显;每周运动 4～5 次,效果更加明显。可见,每周运动 3 次以上效果才明显。

（六）效果检查

由于每个人的情况千差万别,在实施运动处方的过程中可能会发现不合适的地方,应在实践中及时检查和修正,以保证锻炼取得效果。

五、制定运动处方的原则和注意事项

（1）制定运动处方之前,一定要通过口头询问、问卷调查、医学检查、体质测定等途径,了解处方对象的体质及健康状况,进行相应的运动功能评定(如四肢关节的灵活性、内脏器官的健康状态、肌肉的力量等部位的功能状况)。

（2）确定处方的目标、目的及分类。功能检查的结果是制定运动处方的依据。

（3）第一次实施运动处方,一定要在制定处方者、体育老师、健身教练及专业指导老师的监督下进行,让受锻炼者通过实践了解如何执行运动处方。

（4）做运动锻炼的日记,时时检查,定期到锻炼现场观察、监测对运动处方的执行情况,掌握准确的运动锻炼结果。还可以及时调整运动处方的方案,以取得更好的效果。

第六章　田径运动

第一节　田径运动概述

一、田径运动的定义

国际业余田径联合会章程第一条将田径运动定义为:"田径运动是由田赛和径赛、公路赛、竞走和越野赛组成的运动项目。"

二、田径运动的起源与发展

(一)径赛运动项目的起源

短跑起源于欧洲,当时 100 码、330 码,440 码设为跑的项目,19 世纪末赛跑距离由码制改为米制。中距离跑最初的项目是 880 码跑和 1 英里跑,从 19 世纪中叶开始,被 800 米跑和 1 500 米跑项目所替代。长跑则有 3 英里跑、6 英里跑,到 19 世纪中叶改为 5 000 米跑和 10 000 米跑。跨栏跑,起源于英国,由牧羊人跨越羊圈栅栏的游戏演变而来,1935 年有人将 T 形栏架改成 L 形栏架。接力跑,是以队为单位,每队 4 人,每人跑相同的距离。马拉松,原为希腊的一个地名,公元前 490 年,希腊军队在马拉松平原击退波斯军队的入侵,传令兵菲迪皮德斯从马拉松镇跑到雅典城,在报告胜利的消息后,因体力衰竭倒地而亡。

(二)田赛运动项目的起源

(1)跳跃项目的起源和沿革:跳远起源于古希腊奥林匹克运动,第一届现代奥运会上就设置了男子跳远项目,腾空动作从蹲踞式发展到挺身式、走步式。跳高技术动作经历了跨越式、剪式、滚式、俯卧式和背越式 5 次重大演变。撑竿跳高,其发展经历了木质竿、竹竿、金属竿和玻璃纤维竿几个历史时期。

(2)投掷项目的起源和沿革:铅球源于 14 世纪 40 年代,当时欧洲有了火炮,炮兵们为了提高作战能力,锻炼身体和娱乐,利用与炮弹重量相同的石头进行推远比赛。标枪是四大投掷项目中唯一允许助跑的项目,最早的标枪比赛是在古希腊奥林匹克运动会上的五项运动中。当时不但比掷远,还比掷准。铁饼是一项古老的运动项目,早在公元前 708 年第 18 届古代奥运会上,掷铁饼就被列为五项竞技之一。

(三)全能运动的起源

1880 年,现代全能运动出现在美国。当时十项全能由 100 码跑、铅球、跳高、800 码竞走、16 磅链球、撑竿跳、120 码跨栏跑、56 磅重物投掷、跳远和 1 英里跑 10 个单项组成,比赛持续一整天。现代全能运动比赛 2 天(男子十项全能第一天:100 米跑、跳远、铅球、跳高、400 米跑;第二天:110 米栏、铁饼、撑竿跳、标枪、1 500 米跑。女子的七项全能比赛第一天:100 米栏、跳高、铅球,200 米跑;第二天:跳远、标枪、800 米跑)。

三、奥运会田径竞赛项目设置

第一届古代奥林匹克运动会是公元前 776 年在希腊奥林匹亚举行的,比赛只有短跑一个项目。公元前 724 年第 14 届古代奥运会出现了中跑;随后,出现了长跑;第 18 届古代奥运会出现了 5 项竞技比赛,即赛跑、跳远、掷铁饼、掷标枪和摔跤。

第一届现代奥林匹克运动会,田径是核心项目,包括 100 米、400 米、800 米、1 500 米、马拉松、110 米栏、跳高、撑竿跳高、跳远、三级跳远、铅球和铁饼,共计 12 个男子田径项目。在阿姆斯特丹第九届奥运会上首次出现了女子田径比赛,包括 100 米、800 米,4×100 米接力、跳高、铁饼 5 项。

至今,奥运会田径项目已有 47 个,其中男子 24 项,女子 23 项。

四、田径运动的特点

(一)项目多

仅奥运会正式比赛就有四十多个单项,包括走、跑、跳、投和全能,可以全面发展各项身体素质,掌握多种运动技能,是各项体育运动的基础。

(二)影响大

田径运动除单独进行比赛外,世界上各种级别和类型的综合性运动会都将田径设为主要比赛项目。由于田径比赛按单项设奖与计分,奖牌数近一百三十枚,总分达一千六百多分,因此往往决定着参加单位的比赛名次,同时田径运动也是衡量一个国家和地区体育运动水平的主要标志。

(三)竞争性强

田径运动要求在最短时间内表现出最大的速度和力量,或在较长时间内持续运动,运动强度大,竞争非常激烈。

(四)既具有个体性又有群体性

田径运动主要以个人为单位参加比赛,还有以队为单位参加的接力赛、越野跑、竞走团体赛,团体总分和名次是由个人得分和名次相加决定的。

基于以上特点,国内外素称"田径运动是基础""田径是体育运动之母""得田径者得天下"等。

第二节　跑

一、短跑

短跑是田径赛项目中的一类,一般包括 60 米跑、100 米跑、200 米跑和 400 米跑等几项。短跑运动的特性是人们同时以最快的速度,在确定的跑道上跑完规定的距离,并以最先跑完者为优胜的项目;在人体机能供能方面,表现为人体最大限度地发挥人的本能,并以无氧代谢供能的方式供能。

短跑技术是一个不可分割的完整体,为了便于分析,可把它分为起跑和起跑后的加速跑、途中跑和终点跑四部分。

(一)短跑的技术

起跑的任务是获得向前冲力,使身体迅速摆脱静止状态,为起跑后加速创造有利的条件。

▶▶ 1. 起跑器的安装

起跑器安装的方法有"普通式""拉长式""接近式"三种。

通常采用"普通式",前起跑器安装在起跑线后一脚半(约 40～45 厘米)处,后起跑器距离前起跑器一脚半前,后起跑器的支撑面与地面分别成 40～45 度角和 70～80 度角,两个起跑器的中轴线间隔约 15 厘米。(如图 6—1)

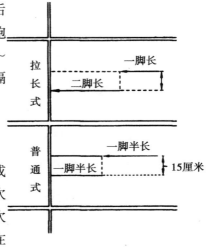

图 6—1　起跑器的安装

▶▶ 2. 起跑技术

起跑技术包括"各就位""预备""鸣枪"(或"跑")三个阶段。听到"各就位"口令后,做 2～3 次深呼吸,轻快地走到起跑器前,两手撑地,两脚依次踏在前、后起跑器的抵足板上,后膝跪地,两手放在紧靠起跑线后沿处,两臂伸直,肩与起跑线平行,两手间隔比肩稍宽,四指并拢和拇指成八字形支撑,颈部自然放松,两眼视前下方约 40～50 厘米处,注意听"预备"口令。

听到"预备"口令后,随之吸一口气,平稳地抬起臀部,与肩同高或稍高于肩,重心适当前移,肩部稍超出起跑线,这时体重主要落在两臂和前腿上。"预备"姿势应当稳定,两脚贴起跑器抵足板,注意力高度集中。

听到枪声,两手迅速推离地面,两臂屈肘有力地做前后摆动,两腿迅速蹬离起跑器,使身体向前上方运动,前腿快速有力地蹬伸髋、膝、踝三个关节(如图 6—2)。

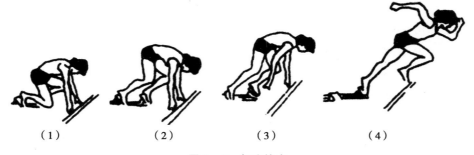

（1）　　　　　　　（2）　　　　　　　（3）　　　　　　　　（4）

图 6—2　起跑技术

▶▶ 3. 起跑后的加速跑

起跑后的加速跑是从后腿蹬离起跑器到途中跑之间的一个阶段,其任务是充分利用向前的冲力,在较短距离内尽快地获得高速度。

当后腿蹬离起跑器并结束前摆后,便积极下压着地。第一步的着地应尽量靠近身体重心投影点,脚着地后迅速转入后蹬。前腿在蹬离起跑器后也迅速屈膝向前摆动。

　　起跑后的最初几步,两脚沿着两条相距不宽的直线前进,随着跑速的加快,两脚着地点就逐渐合拢到假定的一条直线两侧。加速跑的距离,一般约为25～30米。

▶▶ **4.途中跑**

　　途中跑是短跑全程距离最长、速度最快的一段,其任务是继续发挥和保持高速度跑。摆动腿的膝关节迅速有力地向前上方摆出,支撑腿在摆动腿积极前摆的配合下,快速有力地伸展髋、膝和踝关节,蹬离地面,形成支撑腿与摆动腿协调配合动作(如图6－3)。

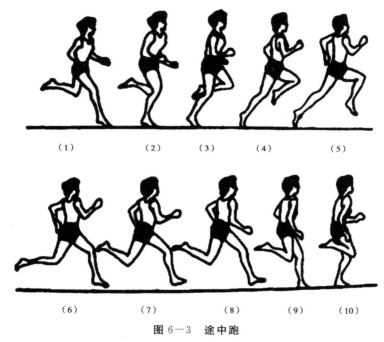

图6－3　途中跑

　　第一,腾空阶段小腿随着蹬地后的惯性和大腿的摆动,迅速向大腿靠拢,形成大小腿边折叠边前摆的动作。与此同时,摆动腿以髋关节为轴积极下压,膝关节放松,小腿随摆动腿下压的惯性,自然向前下伸展,准备着地。

　　(2)着地缓冲阶段着地动作应是非常积极的,在途中跑时,头部正直,上体稍有前倾,两臂前后摆动要轻快有力。

　　(3)弯道跑从直道进入弯道跑时,身体应有意识地向内倾斜,加大右腿的蹬地力量和摆动幅度,右臂亦相应地加大摆动的力量和幅度,有利于迅速从直道跑进弯道。

　　弯道跑时,身体应向圆心方向倾斜。后蹬时右腿用前脚掌的内侧用力,左腿用前脚掌的外侧用力。弯道跑的蹬地与摆动方向都应与身体向圆心方向倾斜趋于一致(如图6—4)。

图6—4 弯道跑

▶▶ 5. 终点跑

终点跑是全程跑的最后一段,任务是尽力保持途中跑的高速度跑过终点。终点跑的技术是,要求在离终点线15~20米处,尽量保持上体前倾角度,加快两臂摆动的速度和力量。在跑到距离终点线一步时,上体急速前倾用胸部或肩部撞终点线,并跑过终点,然后逐渐减慢跑速(如图6—5)。

图6—5 终点跑

(二)短跑的专门练习

▶▶ 1. 小步跑

上体正直,肩放松,两臂前后自然摆动,髋、膝、踝关节放松,迈步时膝向前摆出,髋稍有转动。当摆腿的膝向前摆动的同时,另一腿的大腿积极下压,足前掌扒地式着地。着地时膝关节伸直,足跟提起,踝关节有弹性。

▶▶ 2. 高抬腿跑

上体正直或稍前倾,两臂前后摆动。大腿积极向前上摆到水平,并稍稍带动同侧髋向前,大小腿尽量折叠,脚跟接近臀部。在抬腿的同时,另一腿的大腿积极下压,直腿足前掌着地,重心要提起,用踝关节缓冲。

▶▶ 3. 后蹬跑

上体正直或稍前倾,两臂自然摆动,摆动腿积极向前上方摆出,躯干扭转,同侧髋带动大腿充分前送。在摆腿的同时,另一腿的大腿积极下压,足前掌着地,膝、踝关节缓冲,迅速转入后蹬。后蹬时摆腿送髋动作在先,膝、踝蹬伸在后,腾空阶段重心向前,腾空时要放松,两腿交替频率要快。

▶▶ **4. 后踢小腿跑**

上体正直或稍前倾,两臂前后自然摆动,足前掌着地,离地时足前掌用力扒地。离地后小腿顺势向后踢与大腿折叠,膝关节放松,足跟接近臀部。

▶▶ **5. 折叠腿跑**

上体正直或稍前倾,两臂前后摆动。后蹬结束立即向前上方抬大腿和收小腿,膝关节放松,大小腿充分折叠,边折叠边向前摆动。在摆腿折叠前摆的同时,另一腿的大腿积极下压,足前掌着地,膝关节缓冲。

二、接力跑

接力跑技术包括短跑技术和传接棒技术。接力跑的成绩不仅取决于队员跑的速度,而且队员之间的相互配合也很重要。

(一)起跑

持棒起跑:第一棒传棒人持棒(以右手为例),采用蹲踞式起跑,按规则接力棒不得触及起跑线和起跑线前的地面。持棒起跑技术和短跑的起跑相同,持棒方法主要有三种。

(1)右手的食指握住棒的后部,拇指与其他三指分开撑地。

(2)右手的中指、无名指握住棒的后部,拇指、食指和小指成三角撑地。

(3)右手的中指、无名指和小指握住棒的后部,拇指和食指分开撑地。

接棒人起跑:接棒人站在接力区后端线或者说预跑线内,选定起跑位置,两脚前后开立,两膝弯屈,上体前倾。接棒人应站在跑道外侧,左腿在前,右手撑地保持平衡,身体重心稍偏右边,头部左转,目视传棒人的跑进和自己起动的标志线。当传棒人员跑到标志线时,接棒人员便迅速起跑。

(二)传接棒方法

(1)上挑式:接棒人的手臂自然向后伸出,手臂与躯干约成 40～50 度角,掌心向后,拇指与其他四指自然张开,虎口朝下。传棒人将棒向前上方送入接棒人的手中。

这种传棒方法的优点是接棒人向后下方伸手臂的动作比较自然,传棒人传棒动作也比较自然,容易掌握;缺点是接棒后,手已握在接力棒的中部,如不换手再传给下一棒时,则只能握住接力棒的前部,容易造成掉棒和影响快速前进(如图6—6)。

图6—6　上挑式传接棒

第二,下压式:也称"向前推送"的传接棒方法。应当强调指出,在传棒时,手臂不要太高,而是用手腕动作将棒向前下方推送入接棒队员手中。并且,传棒人可以用手腕动作来调整传棒动作的准确性。在做此动作时,接棒人的手臂向后伸出,手臂与躯干约成50~60度角,手腕内旋,掌心向上,拇指与其他四指自然张开,虎口朝后,传棒人将棒的前端由上向下传到接棒人手中(如图6—7)。

图6—7　下压式传接棒

下压式传接棒技术的优点是每一棒次的接棒都能握住棒的一端,便于持棒快跑;缺点是接棒时,接棒人的手臂比较紧张,不够自然。

(3)混合式:第一棒用"上挑式"传棒,第二棒用"下压式"传棒,第三棒仍用"上挑式"传棒。

(三)传接棒的位置和起跑标志线的确定

(1)传接棒的位置:接棒人站在预跑线内或接力区的后端,待传棒人到达标志线时便迅速起跑;传棒队员跑进接力区后在最合适的位置,将接力棒迅速无误地传给接棒队员。

(2)起跑标志线的确定:接力跑各棒次的标志线是接棒人起跑的标志,它是根据传棒人和接棒人的跑速和传接棒技术熟练程度确定的。标志线设置的位置一般是在预跑线的后面,也可以设置在预跑线前面。

(四)接力跑的练习方法

(1)原地站立,持棒摆臂,做上挑式、下压式的传接棒练习。传、接棒队员前后相距 1 米左右,传棒人持棒手一侧肩对着接棒手一侧肩,前后站立,传棒人发出信号后,接棒人立即伸手准备接棒。

(2)在走步或慢跑中做传接棒练习。

(3)在跑动中测定起跑标志线位置。

(4)两人一组在快跑中进行直道与弯道上的传接棒练习。

(5)4×100 米接力的全程跑练习。

三、跨栏跑

(一)110 米栏技术

110 米栏的栏架高 1.067 米,过栏和栏间跑的速度相当快,是跨栏跑中技术难度最大的项目。

110 米栏采用蹲踞式起跑。前起跑器安装在距起跑线一脚半到两脚处,后起跑器距前起跑器约一脚远,两起跑器间宽 15~20 厘米。做"预备"姿势时,臀部抬至超过肩的部位,体重由撑地的两臂和前腿负担,头保持和躯干成一直线,集中注意力等待鸣枪。

▶▶ 1. 起跑至第一栏技术

鸣枪后跑出的动作和短跑的起跑动作基本相同,起跑时应把起跨腿放在前起跑器上,起跑后前几步都必须有足够的步长。

110 米栏起跑因受第一栏前固定距离(13.72 米)和固定步数的制约,应特别注意步长的准确。

▶▶ 2. 栏间跑技术

栏间第一步的水平速度因过栏有所降低,为了争取第一步必要的步长,应充分发挥踝关节及脚掌力量,用力摆臂也能起到提高蹬地效果和加快动作频率的作用。

第二步动作结构的支撑与腾空时间关系大致与短跑途中跑相同。第三步因准备起跨形成一个快速短步，动作特点与跨第一栏前的最后一步相同。第三步应是栏间跑速度最快的一步。

>> 3. 过栏技术摆动腿过栏动作（如图 6-8）

图 6-8　过栏技术

过栏技术即原地做摆动腿模仿练习：栏前直立，面对栏架，摆动腿屈膝高抬，膝盖达到栏架高度时，小腿迅速向前摆出，接着积极下压大腿，摆动腿基本伸直，脚掌靠近栏板，然后下落，用脚掌在身体重心投影点前落地，熟练后可连续做。

走步中做摆动腿、"鞭打"动作：腿的折叠、高抬，前摆小腿及下压大腿都与前一练习相同。走三或五步做一次，强调膝高于踝，不出现踢小腿的动作，熟练后加上两臂的配合动作，练习速度适当加快，注意动作放松。

走步中做摆动腿经栏上的栏侧过栏：站在起跨腿一侧，从栏前一米处起跨，摆动腿屈前摆，伸出小腿经栏板上向栏后积极直腿下落，起跨腿配合做小幅度的提拉动作，熟练后在慢跑中接连跨 3～4 架栏（如图 6-9）。

原地提拉起跨腿过栏：双手扶肋木站立，在起跨腿一侧距肋木 1～1.2 米远横放架栏，上体稍前倾，眼平视，起跨腿屈膝经腋下向前提拉，膝部提举到身体正前方，身体不要扭转或偏斜。先做单个提拉动作，后连续做，动作速度由慢到快。栏架也可以纵放。

起跨腿过栏动作：动作同前，栏前走两三步后经栏侧提拉起跨腿，摆动腿做小幅度动作配合，以体会两腿的剪绞，身体过栏后，双手抓肋木，起跨腿提举至身体正前方。

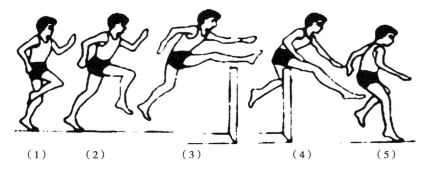

图 6—9　摆动腿练习

栏侧做起跨腿练习:过 3～4 架栏,栏距 7～8 米,先走步中做栏侧过栏,后慢跑或快跑做起跨腿经栏上过栏。起跨腿蹬地要充分,不急于向前提拉,当摆动腿移过栏架下落时,迅速提拉起跨腿过栏(如图 6—10)。

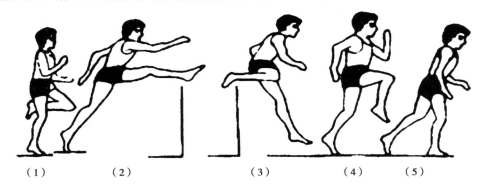

图 6—10　起跨腿练习

学习过栏时两腿的剪绞动作和上下肢的配合动作,从原地站立开始做"跨栏步"中两腿剪绞换步动作,摆动腿屈膝高抬大腿,随之前伸小腿用前脚掌落地,摆动腿下落的同时,蹬离地面的起跨腿屈膝经体侧向前提拉超过摆动腿。

动作同上,在小步跑中连续做过栏模仿动作,跑三步后做一次"跨栏步"。应注意跑的直线性并有节奏,身体正对前方,同时注意两臂的配合用力。

原地摆腿过栏:上体正直面对低栏站立,将摆动腿大腿放在栏架横板上,小腿放松下垂,做两三次轻微摆小腿后,起跨腿地,当伸直的摆动腿下压时,起跨速收起提拉过栏。

在走、跑中做栏侧过栏:强调两腿配合,摆动腿虽然不经过栏板上方,也必须完成折叠、举膝、伸下腿下压的动作。练习时在跑道上放 3～6 架栏,栏间相距 7～8 米,跑三步。当两腿配合剪绞的同时,两臂按动作要点做好前伸后摆等动作。

高抬腿跑中从栏侧或经栏上过栏:高抬腿跑至栏前,保持高重心,距栏约 1 米处起跨,过栏动作同前,但幅度小,腾空时间短,注意上下肢配合,身体始终直立不前倾,尽量不上跳,下栏后继续高抬腿跑准备过下一个栏。

(二)学习过栏技术时的主要错误和纠正方法

▶▶ **1. 起跨时身体重心低,蹬地不充分,屈腿跳栏**

(1)产生原因。栏前跑的技术差,速度过慢,后两步拉大步降低身体重心,用脚跟踏地起跨或全脚掌击地造成很大制动,起跨时蹬摆配合差,下肢力量差,屈膝缓冲过大,心理上怕栏。

(2)纠正方法。一是纠正栏前跑的技术,形成较准确的步长,提高起跨点准确度。降低栏架高度,缩短栏间距离,用高重心跑。在最后两三步按标志跑,检查纠正后两步的"短步"关系。二是做起跨攻栏模仿练习,建立高重心起跨的肌肉感觉。三是练习跳绳、负重跳跃、长距离多级跳及双脚连续跳栏架(栏高 76.2 厘米),发展下肢各关节及脚掌肌肉力量。

▶▶ **2. 高跳过栏,身体腾空时间过长**

(1)产生原因。起跨腿膝关节弯曲过大,脚跟着地,蹬地角度大,垂直分力过大。起跨点离栏架太近,限制摆动腿间栏迅速前摆,怕碰栏受伤。摆动腿踢腿上摆,前伸小腿缓慢,下放摆动腿消极。

(2)纠正方法。一是改变起跨点,使之不短于自己七个脚掌长,适当加快栏前跑的速度。学习正确放脚起跨技术,保持高重心起跨姿势,用橡皮条代替栏的横板,消除怕栏顾虑。二是掌握摆动腿屈腿摆动攻栏技术。

▶▶ **3. 摆动腿直腿摆动攻栏或屈小腿绕过栏板**

(1)产生原因。对摆动腿的动作概念不清。摆动腿膝关节紧张,小腿过早前伸。摆动腿大小腿折叠不够,大腿屈肌力量差,起跨前大腿抬不高。

(2)纠正方法。一是详细讲解摆动腿屈膝摆的技术,反复做屈腿摆的各种模仿练习。例如,面对肋木站立,距肋木 1.2~1.4 米,摆腿在体后开始折叠大小腿,以膝领先屈腿前摆,大腿在体前抬平后迅速伸出小腿,脚掌伸向肋木约与腰高的部位,支撑腿蹬地的同时前倾上体,手扶肋木。二是连续做摆动腿屈膝前摆的"鞭打"动作。三是身体直立或双手撑肋木站立,摆动腿屈膝前抬,膝部负 10~15 公斤重沙袋连续高抬,以发展髂腰肌和大腿屈肌的力量。四是大量重复做摆动腿栏侧过栏练习,要求大腿高抬后再前摆小腿,膝关节放松。

▶▶ **4.腾空后两腿动作消极,剪绞时机不正确**

(1)产生原因。起跨腿蹬地不充分,过早开始提拉。两腿肌肉伸展能力差,髋关节灵活性差,不能在空中做出较大幅度的劈叉分腿动作。摆动腿时直腿摆动下压不积极。

上体直立妨碍起跨腿用力提拉,或两臂摆动和腿的动作不协调。

(2)纠正方法。做起跨腿栏侧过栏,要求充分蹬伸起跨腿,不急于提拉。适当加长起跨距离,加快跑速,用大幅度动作完成快速剪绞过较低的栏架。发展两腿后群肌肉伸展性,改善髋关节灵活性与柔韧性,经常做压腿和劈叉练习,包括纵劈叉与横劈叉练习。

▶▶ **5.过栏时摆动腿的后侧或起跨腿的膝、踝内侧碰及栏板**

(1)产生原因。摆动腿碰栏是因为起跨点过远,摆动腿向前速度太慢,或折叠高摆不够,上体前倾过大。起跨腿的膝、踝内侧碰栏板是因为大小腿和脚掌在提拉过程中部位不正确,另一原因是起跨腿提拉时膝未外展。

(2)纠正方法。一是重复练习原地支撑提拉起跨腿过栏动作,要求膝稍高于踝,小腿收紧,足内侧保持和地面平行(足尖勿下落)。二是提拉起跨腿时,及时做出前倾上体的动作。调整起跨点,加强摆动腿大腿高抬的能力。

四、中长跑

中长跑(middle and long distance race)是中距离跑和长距离跑的简称,属 800 米以上距离的田径运动项目。中距离跑项目有男、女 800 米和 1 500 米;长距离跑项目有男子 5 000 米和 10 000 米,女子 3 000 米、5 000 米和 10 000 米。中长跑是历史悠久且开展普遍的运动项目,在两千多年前的古代奥林匹克运动会上就有中长跑比赛。19 世纪,中长跑在英国已盛行,后来世界各国也都相继开展起来。中国从 1910 年起也有了中长跑的比赛。中长跑的动作要注意向前运动的效果,身体重心不要下降过大,两腿、两臂动作自然放松省力,两腿落地要柔和并有弹性。中长跑采用的训练方法有重复训练法、间歇训练法、快慢交替训练法以及山坡跑、沙滩跑、高原训练等。

中长跑的技术要领及其训练有以下各项。

(一)呼吸

中长跑的距离长,消耗能量大,对氧气的需求量也大。因此,掌握正确的呼吸方法至关重要。中长跑能量消耗大,机体要产生一定的氧债,为了保证机体对氧气的需求,呼吸必须有一定的频率和深度,还必须与跑的节奏相配合,一般采用两步两吸、两步两呼,呼吸时采用口呼吸的方法。随着跑的速度加快和疲劳的出现,呼吸的频率也有所增快。

(二)起跑及起跑后的加速跑

❯❯ 1. 站立式起跑

各就位时,运动员从集合线走到起跑线处,两脚前后开立,将有力的腿放在前面,前脚尖紧靠起跑线后沿,后脚距前脚约一脚的距离,两脚的左右距离自然开立,上体前倾,两膝弯曲,两臂一前一后,身体重心主要落在前脚上,保持稳定姿势,集中注意力听枪声。

❯❯ 2. 起跑后的加速跑

起跑后上体保持前倾,脚尖着地,腿的蹬地和前摆以及两臂的摆动都应快速积极,逐渐加大步伐和加快速度,随着加速段的延长,上体逐渐抬起,进入到途中跑。加速段距离的长短和速度,应根据个人特点、战术需求和临场情况而定。

(三)途中跑

❯❯ 1. 直道跑技术

跑直道时要求两脚沿平行线跑,抬腿既不靠内也不靠外,正直向前,两脚皆用脚前掌扒地跑。

❯❯ 2. 弯道跑技术

跑弯道时要求左脚前脚掌外侧、右脚前脚掌内侧着地,左腿膝关节外展和右腿膝关节内扣,身体重心向内倾斜协调用力,速度越快倾斜角度越大,右臂的摆幅稍微大于左臂摆幅。

（四）冲刺跑

冲刺跑是临近终点前一段距离的加速跑。主要任务是运用自己的全部力量，克服疲劳，力争在最后阶段跑出好成绩。冲刺跑的技术特点是在加快摆臂速度和加大摆幅的同时配合腿部动作加快频率。冲刺跑的距离根据自己的体力情况、战术要求和临场情况而定。在通过终点时，在接近终点一步前身体躯干前倾，做出撞线动作。

（五）单个动作技术分析

▶▶ 1. 上体姿势

上体正直或稍前倾，头部与脊柱成一条直线，胸部正对前方，下颌微收，两眼平视，颈部放松，整个躯干自然而不僵硬。这里要格外注意上身不要过大地左右晃动。

▶▶ 2. 摆臂姿势

两臂弯曲约成 90°，两手放松或半握拳，肩带放松，以肩为轴，自然地做前后摆动。前摆时稍向内，后摆时稍向外。摆动幅度随速度变化而变化，速度快时臂的摆幅大。

▶▶ 3. 腿部动作

（1）抬高大腿。跑步的速度是步幅和步频共同决定的，因此有大的步幅是非常重要的，而要获得大的步幅最重要的就是抬高大腿，因为只有抬高大腿才便于前脚迈得更远。

辅助动作练习：原地高抬腿跑和行进中高抬腿跑。

（2）迈出小腿同时送髋及加强脚步后蹬。要想获得大的步幅，只抬高大腿是不够的，还要把小腿充分迈出去，而要小腿充分地迈出去，需要送髋及加强支撑脚的后蹬。

由于迈小腿对大腿根部韧带的柔韧性要求较高，所以可以加一些大腿根部的柔韧性练习（如正压腿侧压腿）。

辅助动作练习:正压腿侧压腿,原地做抬大腿迈小腿动作,高抬腿跑动中的迈小腿练习。

(3)前脚掌向后扒地。跑步的原理是由于脚步受到向前的摩擦力使身体向前移动,跑步过程中如何获得更大的向前的摩擦力是非常重要的。而要获得更大的向前的摩擦力就是借助脚步给地面一个向后的力,由于作用力与反作用力原理,自然地面会给脚面一个向前的摩擦力,而要做到这一点就是靠前脚掌向后扒地。

辅助动作练习:小步跑。

(六)训练方法

》》1. 上体姿势练习

通过控制住腰部关节和肩关节,跑步中练习上身不左右晃动技术。

》》2. 摆臂姿势练习

通过原地练习以肩关节为轴的摆动和跑步过程中以肩关节为轴的摆动来训练。

》》3. 腿部动作练习

通过单个辅助动作练习过渡到原地腿部动作练习,再进一步过渡到跑动过程中整套腿部动作练习。

》》4. 整套动作练习

通过单个上体姿势练习、摆臂姿势练习和腿部动作练习后过渡到整套动作的练习过程。

(七)易产生的错误及纠正方法

》》1. 起跑抢跑和起跑后加速过快

(1)产生原因。不重视中长跑的起跑技术,身体重心过分前移,不善于分配体力,急于抢位。

(2)纠正方法。加强中长跑起跑技术练习,强调"各就位"姿势时身体重心的稳定,要教育学生遵守起跑规则,教会学生合理分配体力和加速跑的方法。

▶▶ **2.跑的动作紧张不协调**

(1)产生原因。技术概念不清,不会放松肩部和腿部的肌肉,身体姿势不正确,过于前倾后仰。

(2)纠正方法。反复讲解与示范,使学生了解正确的动作过程,多做柔韧性练习,增强弱肌群的力量,使各部分肌肉力量发展平衡;多做上体保持正直的慢跑、中速跑、变速跑和冲刺跑的专门性练习,强调身体放松。

▶▶ **3.身体重心起伏过大,跑的直线性差**

(1)产生原因。后蹬角度太大,摆臂方向不正确,脚着地成八字形使两腿的力量不均匀。

(2)纠正方法。注意膝关节向正前方摆动,用适宜的后蹬角度跑;加强弱腿力量练习,增强手臂、肩带的力量,加强摆臂技术练习,沿跑道的白线跑,强调用前脚掌内侧着地。

▶▶ **4.后蹬效果不好,形成"坐着跑"**

(1)产生原因。技术概念不清,蹬地腿离地过早,关节的灵活性和腿的柔韧性差,腿部和踝关节力量差。

(2)纠正方法。反复讲解和示范,建立正确的技术概念,加强后蹬跑、跨步跳、上坡跑、支撑送髋、原地多级跳等练习,要求髋、膝、踝关节充分蹬直,强调送髋动作,加强腿部力量练习。

▶▶ **5.呼吸方法不正确和跑的节奏性差**

(1)产生原因。学生对跑时的呼吸方法、跑的节奏掌握不好,跑的速度感及均匀分配体力的能力差。

第二,纠正方法。反复讲解示范,使学生了解正确的呼吸方法及跑的节奏性的重要意义。原地跑步,练习呼吸步子的协调配合,逐渐过渡到途中跑,保持呼吸和步子的协调配合;多做各种跑的练习,在练习中强调保持稳定的步长和步频以及均匀的跑速,通过分段报时的方法,逐渐培养跑的速度感。

(八)一般耐力练习

中长跑运动员的一个特点就是必须具有良好的耐乳酸能力。提高有氧与无氧的训练水平是中长跑运动员努力的方向。中长跑各个项目的有氧训练与无氧训练比重不同,距离越长,有氧训练比例越大。初中生的练习项目 800 米和 1 000 米,有氧供能占 50％左右。一般耐力练习就是有氧训练,它是持续时间长、速度慢、强度小的跑的能力。

一般耐力训练在全年训练的准备期安排的比重较大,由于练习比较单调乏味,因此,可穿插越野跑、图形跑,提高运动员的训练兴趣。

(九)速度耐力练习

速度耐力是运动员在整个跑的过程中保持速度的能力,速度能力对于中长跑运动员是至关重要的,速度耐力练习可称为无氧练习。其训练强度以 80％～94％为宜,方法有以下几种。

▶▶ 1. 持续跑的方法

要求运动员在 85％左右的强度匀速跑完 2～3 公里。

▶▶ 2. 重复跑的方法

如 4×400 米要求运动员每 400 米在规定时间内完成,间歇 5 分钟,采用重复跑练习,选择的距离应短于专项距离。

▶▶ 3. 间歇跑的方法

间歇跑与持续跑、重复跑的区别在于训练的休息时间。间歇跑的休息时间短,体力不能充分恢复。如 6×200 米,要求每 200 米在一定时间内完成,每个之间慢跑 200 米作为间歇。

第三节 跳跃

田径运动项目中的跳跃项目包括跳高、跳远、三级跳远和撑竿跳高。由于体育科学的发展、场地器材的更新、运动技术的改进和训练方法的合理,跳跃项目成绩得到大幅度的提高。跳跃项目有很强的趣味性,很受青少年的欢迎,在国内外得到广泛的开展。从事跳跃项目的训练和比赛,可以发展速度、力量和灵敏性等身体素质,而且有助于提高弹跳能力和培养勇敢、果断的性格。

一、跳远

（一）技术要领

助跑要提高重心、高抬腿、富有弹性、节奏明显。最后几步要有积极向踏板进攻的意识。快速、准确是助跑技术的要点，节奏是完成这一要点的关键。技术动作由助跑、起跳、腾空、落地组成，重点为助跑和腾空步。动作姿势分为蹲踞式、挺身式、走步式（图6－11）。

（二）练习方法

练习1：原地摆臂动作模仿练习。两腿前后站立，起跳腿在前，起跳腿同侧臂以大臂带动小臂由后下方向前上方摆动；摆动腿同侧臂由前下方向后上方摆动。摆动时要做到耸肩带上体，头部正直，眼看前上方。

练习2：原地摆动腿模仿练习。两腿前后站立，起跳腿在前。摆动腿前摆时，大小腿要充分折叠，大腿带髋部向上高摆。踝关节自然放松，脚尖不得超过膝关节。两臂配合摆动。

练习3：原地蹬摆结合练习。摆动腿在前，起跳腿前摆做着地动作。重心前移缓冲，当放脚缓冲后，重心和脚跟的连线垂直地面时，开始做蹬摆动作。摆动腿在蹬的基础上向前上方摆，起跳腿在摆的同时快速蹬伸髋、膝、踝关节。摆动腿可落在适当的台阶上。

练习4：两步助跑起跳练习。两腿前后站立。起跳腿在前，摆动腿向前跑出第一步落地后，积极后蹬推动髋部迅速前移，起跳腿积极放脚起跳。同时，摆动腿积极前上摆，落地时摆动腿先着地。

练习5：短、中距离的助跑成腾空步练习。丈量步点，采用走步丈量法。先确定助跑步数，然后根据助跑步数确定走的步数。走的步数一般为跑的步数乘2减2。例如，8步助跑的步数确定：8×2－2＝14（走步）。助跑要做到"三高"：高重心、高频率、高速度。起跳强调一个快字。

练习6：利用俯角跳板或斜坡跑道的短、中程助跑起跳腾空步练习。

图 6—11　跳远的动作姿势

二、三级跳远

(一)技术要领

第一跳要尽可能做到平稳和放松,保持良好的向前冲力,控制好身体平衡,落地放脚有积极的"扒地"动作。起跳腿蹬离地面时,做好双臂的制动动作。第二跳起跳离地后,完成"跨步"飞行自然腾空,一直延续到腾空的 2/3 处,后 1/3 为下次起跳作准备。第三跳用蹲踞式或挺身式跳远腾空和落地技术。

(二)练习方法

练习 1:连续跨步跳练习。在整个跨步跳过程中,应做到动作幅度大而自然,持续时间较长。在腾空中段的 1/3 处可稍团身,以便在最后 1/3 处接着前摆和强有力地"扒地"和起跳。

练习 2:短距离助跑单足跳练习。4~6 步助跑起跳后,腾空中两腿换步,以起跳腿落入沙坑后继续跑进。重点体会空中换步时机和幅度。

练习 3:连续单足 3~5 级跳练习。控制好蹬地方向、跳跃的节奏和"扒地"落地,同时两臂要协调配合。

练习 4:连续做三步助跑起跳—单脚跳—腾空步动作。

练习 5:六步助跑三级跳远练习。助跑六步,在起跳板上起跳做单脚跳—跨步跳—跳跃动作。第一跳"平",第二跳"远",第三跳"高"。初学者应掌握好三跳的比例,一般为第一跳 35%,第二跳 30%,第三跳 35%。

三、跳高

(一)技术要领

助跑要积极加速、步点准、有弹性、节奏好。后段弧线助跑保持身体向内倾斜。过杆时形成较大背弓,充分利用身体重心腾起的高度和身体各环节之间的补偿作用。技术动作由助跑、起跳、过杆、落地组成。动作姿势分为跨越式、俯卧式、背越式。重点是助跑、起跳的结合,过杆动作(图6-12、图6-13)。

(二)练习方法

练习1:利用跳箱仰卧做背弓成"桥"练习。

练习2:在垫子上原地站立,后倒背弓练习。

练习3:原地双腿跳起做后倒背弓练习。背对海绵包站立,然后双脚跳起,肩后倒挺髋,成背弓仰卧落在垫子上,先不要抬大腿,保持小腿自然下垂姿势。

练习4:原地双脚跳起做背弓过杆练习。背对海绵包站立,背后放一低横杆,屈膝半蹲,两臂在体侧后下方,两臂上摆,提肩提腰,两腿蹬伸跳起,肩后倒挺髋成背弓,小腿自然下垂。下落时,提大腿,甩直小腿。过杆后,以肩背落在海绵包上。

练习5:确定助跑步点,全程助跑起跳练习。

练习6:4步弧线助跑起跳成背弓练习。助跑起跳后,成背弓姿势,落在高于臀部的海绵垫上,小腿放松自然下垂。强调倒肩、放摆动腿的时机。

练习7:4~6步助跑起跳过杆练习。

练习8:逐渐升高横杆高度的全程助跑背越式跳高完整技术练习。

6　　　　　5　　　　　4　　　　　3　　　　　2　　　　　1

图 6—12　跳高的动作姿势

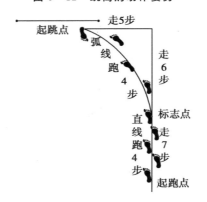

图 6—13　过杆动作

四、跳的健身运动处方

　　跳跃运动也是一种良好的健身方法。经常进行跳跃性锻炼,使体内得到保健性振荡按摩,从而增进身体健康,增强体质,提高运动素质水平。反复地重复持续练习跳跃动作,使人体承担一定的运动负荷,有利于提高身体机能水平,平衡能力,发展协调用力和灵敏素质。

　　跳跃健身的具体方法如下。

(一)原地徒手跳跃练习

　　不用任何器械进行原地向上连续重复练习跳的动作。如:直腿跳——从深蹲开始摆臂蹬地向上跳起,下落缓冲还原到深蹲,如此反复练习5～10次一组,每周练习2～3次。收腹跳——从半蹲开始摆臂跳起收腿收腹,下落还原后,再连续重复练习。每周2次,每次练3组,每组10～20个,对腹部减肥很有效。原地跳起旋转练习——从半蹲开始摆臂跳起旋转90°～360°,下落还原后再重复练习,每周2次,每次5～10个。对提高人体平衡协调能力十分有效。还有原地单脚跳,交替腿跳、抱膝跳、拍手跳等练习方法。在练习中应在较松软的地上练习,如沙地、草地比较好,练习后要注意放松按摩小腿部位,防止颈膜发炎,影响健康。

(二)行进间跳跃练习

有双腿连跳(又叫蛙跳),单腿向前连跳,交替腿向前跨跳等练习,都是在行进中练习的跳跃。这种练习一般固定练习距离,10～30米,连续重复练习,每周1～2次,每次2～3组,就可以收到健身效果。

(三)立定跳远

原地两脚蹬地,同时摆臂向前猛力一跳的练习。这种方法可以重复数次练习,一般重复3～10次。可以用来评价自己的弹跳能力、腿部力量、协调能力,也是一种良好的锻炼方法。

(四)负重跳跃练习

在身体上附加一定重量的物质如沙袋,进行原地的或行进间的连续跳跃练习。这种练习增加了运动的难度和负荷,对锻炼身体有良好作用,但要根据自己的身体条件,灵活掌握练习的次数和时间。

(五)跳绳练习

有单人跳、双人跳、多人跳、单脚跳、双脚跳、交叉跳等多种跳绳方法。对锻炼身体、提高身体机能与协调能力都有良好作用。练习安排应根据自身条件,每次练习10～20分钟,灵活掌握练习的运动量,使之感到疲劳为度。

(六)急进跳远、跳高、支撑越障碍等练习

急进跳远、跳高、支撑越障碍等练习是常用的健身方法。这种方法都是跑跳

的结合,有助跑、有跳跃,增加了练习的运动量,对锻炼身体的素质、协调能力,增进机能水平都有良好影响。练习中应做好准备活动,尤其腰膝踝关节准备活动,可连续重复练习3~10次,练习完后应充分放松。

总之,跳跃锻炼方法有许多练习的形式,中年人只要选择1~2种,每周坚持练习1~2次,就能取得较好的锻炼效果。练习中应循序渐进,掌握好适度的运动量,注重练习前做好关节准备活动,练习后做好放松整理活动,留意自己的主观感受,加强医务监督。

第四节　投掷

投掷比赛项目有铅球、铁饼、标枪和链球。通过投掷项目的练习可以增强体质,发展躯干和上下肢力量,特别是对爆发力量有明显作用。同时,投掷也是人们日常生活、生产劳动所需要的一种最基本的活动能力。

一、推铅球

推铅球是一个速度力量性项目。投掷原理表明,铅球出手的初速度、出手角度及出手的高度决定了铅球飞行的远度。

推铅球的方法目前主要有两种,背向滑步推铅球法和旋转推铅球法。由于旋转推铅球对运动员的技术、身体素质要求高。故而,大多采用背向滑步推铅球。

完整的背向滑步推铅球技术可分为握球、持球、滑步、转换、最后用力5个部分(如图6—14所示)。这5部分都要注意维持身体平衡。

图6—14　推铅球的动作过程

（一）握、持球技术

握球的手五指自然分开，将球放在食指、中指、无名指的指根处，拇指和小指贴在球的两侧（如图6—15所示），以保持球的稳定。握好球后，将球放在锁骨内端上方，紧贴颈部，掌心向上，右上臂与躯干约呈90°，躯干与头部保持正直。

图6—15　铅球的握法

（二）滑步技术

完整的滑步技术包括预备姿势、团身、滑步3个部分。

▶▶ **1.** 预备姿势（以右手为例）

运动员持好球后，背对投掷方向，身体重心落在右脚掌上，左脚置于右脚跟后方20～30厘米处，以脚尖点地，帮助维持平衡。上体与头部保持正直，两眼平视，两肩与地面平行。这种预备姿势（常称高姿势）较为自然，有助于集中精神开始滑步。

▶▶ **2.** 团身动作

运动员站稳后，从容地向前屈体，待上体屈到快与地面平行时，屈膝下蹲，同时头部和
左腿向右腿靠拢，完成团身动作。

▶▶ **3.** 滑步动作

滑步由身体重心后移，左腿向投掷方向伸摆开始，经过蹬伸右腿、回收右脚来完成这一动作。

滑步技术要点：

（1）两腿动作顺序为左腿在先，蹬伸右腿在后，最后收回右小腿。

（2）左腿与躯干的关系是左膝伸开应保持与躯干成一直线，直至最后用力开始。

（3）处理好铅球的位置。当右膝伸开后，铅球约处在右小腿的二分之一处，外侧的垂直线上。当右腿回收后，铅球约处在右膝上方外侧。

（三）转换（过渡步）技术

回收右小腿结束，以脚尖着地，紧接着将左脚插向抵趾板，以脚掌内侧着地。右腿着地时，体重大部分落在右腿上，左腿着地时，身体重心移至两腿之间，在这一过程中，运动员上体和头部姿态没有明显变化。

（四）最后用力

最后用力可分为准备和加速两个部分。

▶▶ 1. 最后用力的准备部分

从左腿落地到身体形成侧弓。在这一过程中，投掷臂尚未给铅球加速，仅是依靠右膝的内压，右腿的转蹬推动骨盆侧移。由于上体不主动抬起，头颈不主动扭转，而使身体左侧保持最大拉紧状态，为最后的加速用力创造有利条件。

▶▶ 2. 最后用力的加速部分

躯干形成侧弓后，在左腿有力的支撑下，利用躯干的反振作用，顺势转肩伸臂完成整个投掷动作。在最后用力过程中，左腿的支撑作用十分重要，它不仅可以提高铅球的出手点，更重要的是可以提高手臂的鞭打速度。左臂通过上、下方位的摆动，可控制胸大肌横向弓展和推球手臂鞭打的距离。

（五）维持身体平衡

铅球出手后，为了防止犯规，常采用换步和降低身体重心减缓冲力，以维持身体平衡。

（六）推铅球的练习方法

推铅球练习应遵循循序渐进的原则，首先应学习原地正面和侧向推铅球，然后再学习侧向滑步和背向滑步推铅球技术。

▶▶ 1. 原地推铅球的练习

(1)握、持球方法的练习。

(2)向下方或前下方推球。

(3)正面推球练习。

(4)学习改进原地推球的练习:①小幅度推球模仿练习与推球练习;②原地推球的模仿练习与推球练习;③改进原地推球的练习。

▶▶ 2. 侧向滑步推铅球的练习

(1)侧向滑步预摆技术的练习:徒手或持球侧向站立,尔后进行摆、蹬、倒与回、屈等动作的协同配合练习。

(2)徒手或持球进行滑步的练习。

(3)持球进行侧向滑步推球的练习。

▶▶ 3. 背向滑步推铅球的练习

(1)徒手或持球进行预摆的练习。

(2)徒手或扶依托进行滑步分解练习。

(3)徒手或持球进行滑步练习,注意摆、蹬、收、落等动作的协同配合。

(4)背向滑步推铅球的练习。

(5)在投掷圈内进行背向滑步推铅球的练习。

▶▶ 4. 推铅球技术练习中常见的错误动作和纠正方法

(1)在推球瞬间肘关节下降的纠正方法:多做挺胸、抬肘与伸臂的练习,伸臂时肘要高于或平于右肩。

(2)铅球出手角度过低的纠正方法:可采用推球过杆的练习法纠正。横杆的位置要适当,应使铅球飞进的方向与横杆上方约成 $40°$ 角。

(3)滑步后身体重心太高,不能保证正确的准备姿势的纠正方法:多做徒手或持球的滑步练习,着重加快两脚落地动作的节奏。

(4)滑步与最后用力动作脱节的纠正方法:多做滑步练习。滑速不宜快,但两脚落地的动作要快,并在此基础上与最后用力连接起来。

二、掷铁饼

掷铁饼是奥运会和世界田径锦标赛的一项比赛项目。比赛时,投掷者一手持铁饼,在投掷圈内通过旋转动作将铁饼掷出尽可能远的距离。正式比赛中铁饼的重量男子为 2 公斤,女子为 1 公斤;投掷圈内圈直径为 2.50 米,有效区角度为 40度。从技术结构上讲,完整的掷铁饼过程可以分为握法、预备姿势、预摆旋转、最后用力和铁饼掷出后的身体平衡五个部分。

(一)技术和要领

▶▶ 1. 握法

五指自然分开,拇指和手掌平靠铁饼,其余四指的最末指节扣住铁饼边沿,铁饼的重心在食指和中指之间,手腕微屈,铁饼的上沿靠在前臂上,持饼臂自然下垂于体侧。

▶▶ 2. 预备姿势和预摆

(1)预备姿势。背对投掷方向,两脚左右开立约一肩半,站于圈内靠后沿处的投掷中线两侧。两脚平行开立或左脚稍后,持饼臂自然下垂于体侧,眼平视。

(2)预摆。预摆是为了获得预先速度,为旋转创造有利条件。目前常见的预摆有以下两种。

①左上右后摆饼法:开始时,持饼臂在体侧前后自然摆动,当铁饼摆到体后时,体重靠近右腿,接着以躯干带动持饼臂向左上方摆起;当铁饼摆到左上方时,左手在下托饼,体重靠近左腿,上体稍左转。回摆时,躯干带动持饼臂将铁饼摆到身体右后方,身体向右扭紧,体重处于右腿上,上体稍前倾,左臂自然微屈于胸前,眼平视,头随上体的转动而转动。

②身体前后摆饼法:开始时,持饼臂在体侧前后自然摆动,当铁饼摆向体前左方时,手掌逐渐向上翻转,右肩稍前倾,体重靠近左腿。铁饼回摆到体后时,手掌逐渐翻转向下,体重由左向右移动,上体向右后方充分转动,使身体扭转拉紧。这种方法动作放松,幅度大,目前大多数优秀选手都采用这一方法。

▶▶ 3. 旋转

预摆结束后,弯曲的右腿蹬地,上体向左转动,同时左膝外展,体重由右脚向边屈边转的左腿移动;接着,两腿积极转动,并以左脚前脚掌为轴向投掷方向转动,身体向投掷方向倾斜,投掷臂在身后放松牵引铁饼。当左膝、左肩和头即将转向投掷方向时,右膝自然弯曲,以大腿发力带动整个腿绕左腿向投掷方向转扣(右脚离地不能过高），这时左髋低于右髋，身体成左侧单腿支撑旋转，接着以左脚蹬地的力量推动身体向投掷圈的中心移动，右腿、右髋继续转扣。当左脚蹬离地面时，右腿带动右髋快速内转下压，左腿屈膝迅速向右腿靠拢，左肩内扣，上体收腹稍前倾。接着，左脚积极后摆，以脚掌的内侧着地，落在投掷圈中线左侧、圆圈前沿稍后的地方，身体处于最大限度的扭转拉紧状态，铁饼远远留在右后方，左臂自然微屈于胸前，为最后用力做好准备（如图 6—16）。

当左脚着地时，右脚继续蹬转，使右髋积极向投掷方向转动和前送。接着，头向投掷方向转动，左臂微屈于胸前，胸部开始向前挺出，体重逐渐移向左腿。当体重移向左腿时，右腿继续蹬伸用力，以爆发式的快速用力向前挺胸挥饼。与此同时，左腿迅速用力蹬伸，左肩制动，成左侧支撑，使身体右侧迅速向前转动，将全身的力量集中在铁饼上，当铁饼挥至右肩同高并稍前时，使小指到食指依次用力拨饼出手，使铁饼顺时针方向转动向前飞行。

铁饼出手后，应及时交换两腿，身体顺惯性左转，同时降低身体重心，维持身体平衡。

图 6—16　掷铁的动作过程

（二）错误及纠正方法

▶▶ **1. 双腿支撑起动进入单腿支撑旋转阶段，身体失去平衡**

（1）产生原因。进入旋转时上体过早倒向圆心；身体还没有形成左侧支撑转动轴时左肩和上体过早倒向圆心。

（2）纠正方法。一是徒手双支撑进入单支撑的模仿练习，体会身体由右向左向圆心转动的路线及单支撑时身体的平衡感觉。二是徒手或持辅助器械做旋转至双脚着地成用力姿势的练习，重点体会双支撑进入单支撑身体平稳地转动与向前的结合。

▶▶ **2. 双腿支撑进入单腿支撑旋转阶段，上下肢的动作结构不合理**

（1）产生原因。左肩和左臂过早打开并过早向圆心方向摆动，使上体突然加速，破坏了上下肢的合理动作结构。

（2）纠正方法。一是徒手做开始起转练习，强调下肢的积极主动转动，特别是左腿的屈膝转动。二是徒手旋转至双腿支撑用力前姿势，重点体会左肩和左臂向圆心做弧形摆动的路线，使左肩、左臂与左腿和左膝形成一体转动。

▶▶ **3. 旋转后两脚落地的位置过于偏左或偏右**

（1）产生原因。起转时，左脚转动的方向没有到位，右脚弧形摆动转髋的方向控制不准确。

（2）纠正方法。多做开始起转的练习，重点要求两腿支撑转动的程度和右腿弧形摆动与左腿支撑转蹬的配合，在圈内使用标志进行检查。

▶▶ **4. 旋转后用力前，上体过早抬起使身体重心前移**

（1）产生原因。一是对最后用力技术概念不清楚，上体发力时间过早。二是身体素质较差，特别是腿部和腰背腹肌力量差。

（2）纠正方法。一是明确技术概念，多做徒手或持辅助器械旋转至用力前的姿势，强调旋转过程中始终保持半蹲收腹扭转。二是发展腿部和腰背腹肌力量。

▶▶ **5. 旋转后用力前，髋轴与肩轴没有形成扭转拉紧的最后用力姿势，超越器械不明显**

第一，产生原因。旋转后没有控制好上体的继续旋转和有意识留住持饼臂，使饼过早前摆；下肢转动不积极。

（2）纠正方法。在教师的帮助下，做徒手旋转练习，要求学生适当控制上体，让学生体会旋转过程中下肢积极主动，特别是单腿支撑的转动，要求前脚掌支撑转动，不能用全脚掌着地，并且体会上体被动放松，投掷臂留在身后的肌肉感觉，并指出旋转后、用力前铁饼所在的位置。

▶▶ **6. 旋转至右脚着地成单支撑阶段明显停顿或转不起来**

（1）产生原因。一是右腿摆动右髋转扣时左腿蹬地力量不够，使重心没有移到右脚的支撑点上方。二是右腿弧形摆动与左腿转蹬过于向上，形成跳起过高，重心起伏较大，易使落地形成制动，从而造成旋转动作停顿。三是右脚落地是用全脚掌着地。

（2）纠正方法。一是多做开始起转腾空后衔接单支撑的转动练习。要求低平摆动，防止高跳。二是多做单支撑转动的专门练习，要求学生掌握单支撑转动阶段合理的身体结构，特别是重心、转动轴和左腿的积极后摆，体会单支撑转动的肌肉感觉。

▶▶ **7. 最后用力上体过早发力，没有发挥下肢转动用力的能力**

（1）产生原因。右腿右髋转动用力技术不熟练，上体和手臂用力时机掌握不好。

（2）纠正方法。一是双人对抗练习，使学生体会右腿右髋主动用力的肌肉感觉。二是练习原地投，强调由下而上的用力顺序。三是投掷辅助器械，强调最后用力时前半部分下肢的积极用力作用与后半部分上体爆发式用力的配合动作感觉。

▶▶ **8. 最后用力向前不够**

（1）产生原因。一是最后用力两脚开立距离过小。二是右腿右髋转蹬前送不够，没有形成良好的左侧支撑用力。

（2）纠正方法。徒手或持木棒做打树叶练习。要求：一是两脚开立宽于肩；二是右腿右髋转动中推动身体重量靠近支撑的左腿，三是手或木棒接触树叶的那一点即出手点；四是胸带臂向前平打，不要提肩。

▶▶ **9. 最后用力向左侧倒**

（1）产生原因。左侧支撑用力意识差，左肩没有制动动作。

（2）纠正方法。一是徒手或持辅助器械做最后用力模仿练习，重点强调左腿的支撑用力动作和左肩的制动动作。二是初学者要求以"支撑投"动作类型为主,强调发挥支撑转动用力的作用。

以上各项仅是常见的易犯错误动作,由此而派生的错误动作多种多样,教师纠正时首先要分析错误产生的原因,根据学生的具体情况和教学条件,采用纠正的手段。一般应让学生明确该环节技术的概念,采用单个的、局部动作的专门练习体会肌肉感觉,再要求在完整技术中能做出正确的动作,反复练习,达到改进动作的目的。

三、掷标枪

掷标枪是一项比较复杂的多轴性旋转项目,它是经过持枪助跑获得一定预先速度,通过爆发式的最后用力作用于标枪轴上、将标枪经肩上投出的一项运动。大体可分为持枪助跑、引枪投掷步、最后用力、维持身体平衡等几个部分(图6—17)。

(一)持握标枪方法

>> **1.** 现代式(拇指和中指)握枪法

将标枪斜放在掌心上,拇指和中指对扣在标枪线后端末圈枪身上,食指自然弯曲斜握

图6—17 掷标枪的动作过程

在枪杆上,无名指和小指自然握在线把上。这种握法的优点是有利于中指加长工作距离,枪出手时中指与食指在一起用力拨动,可以加快标枪沿纵轴自转,同时手腕灵活放松,有利于控制枪出手角度。目前大多数人均采用这种握法。

▶▶ 2. 普通式(拇指与食指)握枪法

用拇指与食指对扣在标枪把后端末圈的枪身上,其他三指自然弯曲斜握在线把上,此法手指全部参与握枪,可使枪稳定,但手腕紧张,不灵活,不利于控制枪,使用者较少。

▶▶ 3. 头上持枪法

握手点稍高于头,枪尖稍低于枪尾,此握法手腕较放松,有利于助跑引枪。

▶▶ 4. 肩上持枪法

握手点在肩上耳旁,枪身与地面接近平行,肘稍外展。此法有利于引枪时控制角度,但肘与手腕较紧张。

(二)助跑

助跑的目的是使器械在最后用力前获得预先速度,并在助跑中引枪、超越器械、控制枪动作,为最后用力创造良好的工作条件。

▶▶ 1. 预跑阶段

从第一标志线跑至第二标志线(左脚踩线),一般为 15～20 米,用 8～10 步完成。预跑阶段应放松、高重心、不断加速。在跑动中上体正直或稍前倾,前脚掌着地、抬腿较高、后蹬充分,步幅不应过大,投掷臂与标枪结合跑的节奏协调平稳地前后移动,左臂稍屈肘抬起做相应的摆动。此阶段,要求跑步有节奏,富于弹性。

▶▶ 2. 投掷步阶段

从左脚踩上第二标志线开始到最后一步左脚落地时止,一般为 9～12 米,用 5 步完成。投掷步阶段为整个跑的重要部分,其主要任务是为最后用力创造最佳条件。投掷步的基本形式有两种,即跨跳式与跑步式。跨跳式更便于完成引枪与超越器械动作,目前运用者较多。下面着重介绍跨跳式五步投掷步直接后引枪技术。

第一步：左脚踏上第二标志线，右腿应积极前迈第一步，同时半转体向右使标枪沿直线平行向后移动，左肩对着投掷方向，左臂自然摆至胸前，眼向前视，右脚落地点稍偏右，此时只完成一半引枪，右臂并未完全引直。

第二步：当左脚前迈时，左髋左肩向右转动，右肩放松伸直，完成引枪动作。此时，稍含胸收腹，右臂约与右肩齐高，将枪控制在右眉际与头颈之间，脚尖稍偏向内。

第三步：又称交叉步，是助跑过渡至最后用力的关键一步。左脚一落地，右膝关节应自然弯曲，以右大腿带动小腿积极有力地向前摆出，当右腿靠近左腿时，左腿快速有力地蹬伸，蹬与摆的配合，使人体腾空，迅速超越上体与髋部。由于两腿剪绞动作致使髋、肩轴形成交叉状态。左臂自然摆至胸前，投掷臂充分伸直后引，不低于右肩，右脚跟以外侧先着地，然后滚动式过渡至全脚掌，脚尖与投掷方向约成 45°。这时躯干与右腿应形成一条向后倾斜的直线，与地面成 56°～60°（如图6－17所示）。

第四步：是助跑过渡到最后用力的衔接步，也是动量传递的关键。这一步必须做到保持良好的水平速度以及超越器械的动作，又要不停顿地转入最后用力，同时还应将器械控制好，为最后用力做好最佳准备。

投掷步的步长比例应是：第一步较大，第二步较小，第三步最大，第四步最小，四步的节奏是嗒——嗒——嗒、嗒。

第五步：降低重心换步缓冲（图6－17）。

▶▶▶ **3. 最后用力和维持身体平衡**

最后用力是整个投掷中最重要的部分，是标枪出手初速度的主要来源。它是在第三步右脚着地后，身体重心移过右腿支撑点、左脚尚未落地前就开始了。右腿积极以右髋发力做跪蹬，使髋侧向投掷方向转动，一面使左腿迅速前插，以脚跟到脚掌内侧着地（脚尖稍内扣），有力地支撑制动，使身体在双脚稳固的支撑下形成扭紧状来完成转送髋、转体、挺胸、翻转肩、抬肘等一系列关键动作。右腿继续猛力蹬转，使髋轴继续先于肩轴的超越前移。在左臂向投掷方向做有力牵引制动摆动配合下，右腿继续先于右肩向前转及前移，投掷臂向上翻转成"满弓"姿势，此时身体右侧扭得最紧。投掷臂最大限度伸展而远留在身后，为标枪出手储备强大的力量。腿在制动支撑的巨大冲力下被迫弯曲，也给重心移笋左腿和对最后左侧的支撑创造有利条件。这时各环节力量转换由"旋转向前"变成完全向前。蹬直髋、膝、踝关节的右腿随人体前移惯性而擦地跟上，双腿有力地做支撑用力，使身体由反弓到反弹,以爆发式的动作向前做收腹、以胸带臂,甩臂动作迅猛向前上方鞭打,同时左侧有力支撑提高器械出手点,在出手瞬间,右臂的手腕、手指迅猛地沿着标枪纵轴甩

腕拨指,以增强标枪出手初速度和自身转动速度,提高标枪在空中的稳定性及滑翔的效果。标枪出手角度应控制在 30°～36°之间。

标枪出手后,随着向前惯性,身体必然前冲,这时要迫使右腿向前跨出一步(即缓冲步),这一步既要为防止前冲过多造成越线犯规,又要维持身体平衡。此时应改变重心移动方向,顺势左跨使右肩转对投掷方向,降低重心,屈膝缓冲,稳定后从起掷弧后离开跑道(图 6—17)。

(三)掷标枪技术的练习方法

(1)正面投枪的练习。

(2)侧向原地投枪。

(3)交叉步投枪。

(4)引枪。

(5)引枪接着做交叉步,不停顿地完成投枪。

(6)预先走 4 步后做引枪、交叉步和最后用力投枪的连续动作。

(7)预跑 4 步～8 步投枪。

第七章　球类运动

第一节　足球运动

现代足球起源于英国,是当今世界上最有影响、开展最广泛的一项运动,被誉为"世界第一运动"。足球运动是以脚支配球为主体,在踢、运、停、顶、守门等基本技术的基础上两队互相攻、对抗,是以射门为目标,以射入球多少判定胜负的球类运动。足球运动的激烈对抗性有利于培养队员的顽强拼搏精神、团队精神和意志品质,以及全面改善和发展身体素质。

一、基本技术

足球的基本技术分为控球、踢球、运球、接球、头顶球、抢截球、掷界外球七种。

(一)控球

控球是持球队员以脚的各个部位,通过拖、拨、扣、颠、推、挑等动作,将球置于自身控制范围之内的技术。

▶▶ **1. 拖球**

拖球是脚底触球的上部,将球由前向后或由左(右)向右(左)进行拖拉的动作。当拖球到位后,一般均以脚内侧做挡球动作,然后进入下一动作(图7—1)。

图 7—1　拖球

▶▶ **2. 拨球**

拨球是持球队员用脚腕抖拨的动作,以脚背内侧或脚背外侧触球,使球向侧方或侧后(前)方滚动。拨球根据脚触球部位的不同分"内拨"和"外拨"两种。运用脚背内侧拨球称为"内拨",以脚背外侧拨球称为"外拨"。拨球技术通常是与对手相持时,当对方伸脚抢截球的一刹那,以拨球技术避开抢截从对方一侧越过。(图7—2)

图7—2　拨球

▶▶ **3. 扣球**

扣球是持球队员快速转身变向,用踝关节急转压扣的动作,以脚背内侧或脚背外侧触球,将球迅速停住或转变球滚动的方向。用脚背内侧扣球的动作称为"内扣",用脚背外侧扣球的动作称为"外扣"。扣球动作改变方向后,用推拨动作突然加速越过对手(图7—3)。

图7—3　扣球

▶▶ **4. 颠球**

颠球是持球队员用身体各有效部位连续击球,并尽量不使球落地的技术动作。经常练习,能有效地促进人体对球的各种特性(弹性、重量、旋转等)的熟练程度,同时加深练习者对触球部位,击球力量的感觉,颠球的部位包括脚背、脚内侧、脚外侧、大腿、头部、胸部、肩等。

练法点拨:

(1)控球技术主要采用重复练习法。

（2）可以采用一人一球，两人一球的练习形式，在规定的时间内，将拖、拨、扣、颠球等控球技术重复练习一定的次数和组数。

（二）踢球

踢球是有目的地把球传给同伴或射门，它是完成战术配合的主要手段。同时它也是足球基本技术中的主要技术。踢球的方法有很多种，包括脚内侧踢球、脚背正面踢球、脚背内侧踢球等。

无论采用何种踢球的方法，其动作过程都是由助跑、支撑、摆腿、击球和跟随动作五个部分组成。

》》1. 脚内侧踢球

动作要领（图7—4）：

（1）直线助跑，最后一步步幅稍大，支撑脚踏在球侧12～15厘米处，膝关节微屈，脚尖正对出球方向。

（2）踢球脚屈膝外展，脚底与地面平行，脚尖微上翘。

（3）小腿加速前摆，用脚内侧部位击球的中后部，用推送或敲击的踢法将球击出。

图7—4 脚内侧踢球

》》2. 脚背正面踢球

动作要领（图7—5）：

图7—5 脚背正面踢球

第一,直线助跑,最后一步步幅稍大,支撑脚积极着地,踏于球侧约 10～12 厘米处,膝关节微屈,脚尖正对出球方向。

(2)踢球腿以髋关节为轴,大腿带动小腿由后向前摆动击球一刹那,脚面绷紧,脚背绷直。

(3)小腿加速前摆,以脚背正面部位击球的后中部。

(4)击球后,身体及踢球腿随球前移。

➤➤ 3. 脚背内侧踢球

动作要领(图 7—6):

图 7—6　脚背内侧踢球

第一,斜线助跑,与出球方向约成 45°角(图 7—7),最后一步略大,支撑脚外沿积极着地,踏于球的侧后方约 20～25 厘米处,膝关节微屈脚尖指向出球方。

(2)身体稍向支撑方一侧倾斜,踢球腿以髋关节为轴,大腿带动小腿向前摆,大腿摆至与支撑腿接近同一平面时,小腿加速做鞭打动作。

(3)踢球腿击球时,脚尖稍外转指向地面,脚趾紧扣,脚背绷直,脚跟提起。

(4)以大腿带动小腿加速前摆,根据传球的目的,击球的后中部或中下部,传出的球会出现高、中、低不同的效果,击球后继续随球前移。

练法点拨:

(1)传球不准确,应调整支撑脚的站位。

(2)传球力量不够,应加快小腿摆动速度。

(3)传球落点不准确,应注意整体动作的协调性和脚形的准确性。实际练习:

(1)两人一组,一人用脚底踩住球,另一人采用一步或三步助跑做各种踢球动作的模仿练习。

(2)对墙踢球练习。

(3)两人一组,相距一定的距离,互相踢球练习。

(4)踢准练习。

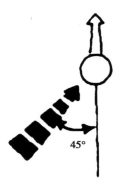

图 7-7 助跑

（三）运球

运球技术是指持球队员在跑动过程中有目的地用脚的某一部位推拨球，使球保持在自己控制范围内的连续触球动作。运球技术包括运球和运球突破，常用的运球方法有正脚背面运球、脚背内侧运球、脚背外侧及脚内侧运球等。

▶▶ **1.脚背外侧运球**

动作要点（图 7-8）：

（1）持球队员身体自然放松，上体稍前倾，双臂自然摆动，步幅中小。

（2）运球时膝关节弯曲，提脚跟。

（3）脚尖内扣，用脚背外侧推拨球的后中部。

图 7-8 脚背外侧运球

▶▶ **2.脚背内侧运球**

动作要领（图 7-9）：

（1）持球队员身体自然放松，上体前倾并向运球方向转动，步幅小，双臂自然摆动。

（2）运球时膝关节稍弯曲,脚跟提起。

（3）脚尖稍向外转,在迈步前冲着地前,用脚背内侧推拨球。

图7－9　脚背内侧运球

实际练习:

（1）走与慢跑中,先单脚后双脚,先直线后曲线。

（2）在人丛中或5米内间距的绕杆运球。

（3）运球过人练习或变换运球速度的练习。

（4）控好球并结合假动作练习。

（5）离场队员观看其他运球队员练习。

练法点拨:

（1）运球和运球突破技术一般采用重复练习方法,可运用无对抗练习、消极对抗练习、积极对抗练习及小组比赛练习等形式。练习要求可根据练习者的水平进行调整。

（2）运球时步幅要小,身体重心应紧跟球的移动。

（3）运球时要随时注意抬头观察情况。

（四）接球

接球是队员有意识、有目的地利用身体的合理部位,把运行中的来球停挡在自身控制范围之内的技术。一般常用的接球方法有:脚内侧接球、脚底接球、胸部接球等。但不管采用何种接球方法,都应包括判断球速、落点、接球及接球后控球四个过程。接球形式包括接地滚球、空中球和反弹球3种。

▶▶ **1.** 脚内侧接球

接地滚球动作要领（图7－10）:

（1）支撑脚正对来球,膝关节微屈。

（2）接球脚屈膝外转,脚尖稍翘起主动前迎来球。

（3）球接触脚内侧一刹那，接球脚后撤缓冲，把球控制在便于衔接下一个动作处。

图 7—10　脚内侧接地滚球

接反弹球的动作要领（图 7—11）：

（1）支撑脚踏在球的落点侧前方，屈膝上体稍前倾。

（2）接球脚放松提起，用脚内侧对准球的反弹角度。

（3）当球反弹刚离地时，用脚内侧部位推压球的中上部。

图 7—11　脚内侧接反弹球

接空中球的动作要领（图 7—12）：

（1）根据来球的高度，接球脚举起前迎，对准来球路线。

（2）当球与脚内侧接触瞬间，后撤缓冲。

（3）把球控制在有利于衔接下一个动作的位置。

图 7—12　脚内侧接空中球

2. 脚底接球

脚底接球包括接地滚球和接反弹球两种技术。

接地滚球动作要领(图7-13):

(1)支撑脚踏于球的侧后方,屈膝脚尖正对来球。

(2)接球脚提起,自然屈膝,脚尖上翘高于脚跟,踝关节放松。

(3)用脚掌前部触球的中上部。

图7-13　脚底接地滚球

接反弹球的动作要领:

(1)支撑脚踏在球落点的侧后方,对准来球反弹角。

(2)当球着地瞬间,用脚掌前部对准球的反弹路线,推压球的中上部。

▶▶▶ **3.胸部接球**

胸部接球是利用胸部接球的一种技术动作。其特点是面积大,有弹性,争取接球时间,易于掌握。胸部接球分挺胸式和收胸式两种方法。

挺胸式接球动作要领(图7-14):

图7-14　挺胸式接球

第一,面对来球,双臂自然张开,两脚分开微屈膝,重心落于两脚之间。

(2)当胸部与球接触前瞬间,两脚蹬地,胸部稍上挺,收腹,上体后仰缓冲来球力量。

(3)以胸部触击球后,使球落于自己能控制的范围。

收胸式接球动作要领(图7—15):

(1)面对来球,两脚开立,双臂自然张开,挺胸迎球。

(2)当球与胸部接触前瞬间,收胸、收腹,同时臂部后移,使来球缓冲。

(3)以胸部接球后,使球落于自己能控制的范围。

图7—15　收胸式接球

▶▶▶ **4. 大腿接球**

动作要领(图7—16):

(1)面对来球,接球大腿抬起。

(2)大腿与球接触的刹那,迅速撤引缓冲。

(3)以大腿中部接触下落的球,使球落于有助于衔接下一个动作的位置处。

图7—16　大腿接球

实际练习:

(1)利用足球墙进行各种接球技术练习。

(2)将球踢高,完成各种接反弹球的练习(用手抛高球亦可)。

(3)两人一组,相隔一定的距离,练习踢、接球动作。

(4)多人三角传、接球练习。

练法点拨:接球练习形式繁多,一般采用重复练习方法,练习时,要从实战与战术配合出发。2~4人为一练习组较为合适。应根据练习者的基础,安排切实可行的练习内容与方法。

(五)头顶球

头顶球作为争取时间、争夺空间的有效手段,在比赛中被广泛使用,它是指队员有意识,有目的地用前额正面或侧面将球击向预定目标的动作。

足球比赛中,头顶球是传球、射门和抢截的有效手段之一,常用的有原地、跑动、起跳、鱼跃等方式顶球。

▶▶1.原地前额正面头顶球

动作要领(图7—17):

(1)身体正对两眼注视来球,两脚前后开立,微屈膝,上体后仰展腹,重心落于后脚,双臂自然张开。

(2)球运行至身体垂直上方时,后脚用力蹬地,收腹,快速向前屈体,重心由后脚移向前脚。

(3)击球时,颈部肌肉紧张,用前额正面顶球的后中部,上体随球前摆。

图7—17　原地前额正面头顶球

▶▶2.跳起前额正面头顶球

动作要领:

(1)原地起跳时,双脚用力蹬地,两臂屈上摆自然张开,身体在上升中,上体后仰展腹成反弓形,注视来球。

(2)球运行至身体垂直上方时,收腹,上体快速前摆,颈部紧张。

(3)用前额正面把球顶出,随后屈膝缓冲落地。

实际练习:

(1)各种头顶球技术的模仿练习。

（2）两人一组，一人抛球另一人做头顶球练习，交替进行。

（3）自抛自顶或两人对顶。

练法点拨：

（1）练习应运用自抛自顶的重复练习法，也可以借助墙，同伴抛来或传来的球，并要求有目标、有意识地提高头顶球技术和顶球的准确性。

（2）顶球时不能闭眼、缩颈，要主动迎球，颈部保持紧张。

（3）准确判断起跳时间和来球速度与落点。

（六）抢截球

抢截球是转守为攻的积极手段，是防守技术的综合体现。抢截球包括抢球和截球两部内容。

抢球是指在足球规则允许的条件和动作下，把对手控制的或将要控制的球抢夺过来或破坏掉。

截球是指将对手相互间传出的球，堵截或破坏掉。

▶▶ 1. 正面跨步抢截球

动作要领（图7－18）：

（1）两脚前后开立，膝微屈，身体重心下降并落于两脚间。

（2）当对手脚触球后，脚即将落地或刚落地瞬间，抢球者后脚用力蹬地，抢球脚以脚内侧堵截球，当球被堵时，另一脚快速跟上。

（3）如双方同时触球，则抢球脚顺势向上提拉，使球从对手脚背滚过，并身体重心迅速跟上，控制球。

图7－18　正面跨步抢截球

▶▶ 2.侧面合理冲撞抢球

动作要领(图7－19)：

(1)当防守队员与对手并肩跑动追球时,身体重心下降。

(2)用靠近对手方一侧的手臂,以肩部以下,肘以上的部分贴紧自己身体去冲撞对手相同部位。

图7－19　侧面合理冲撞抢球

①无球情况下做抢截球各种技术的模仿练习。

②两人一球,一人运球另一人完成抢截球练习,交替进行。

③两人相对站立,中间放一球,听信号后做抢球练习。

练法点拨：

1)最好是在对抗的条件下并结合简易的攻防战术,效果较能体现,在练习过程中,若能结合游戏则有利于提高练习兴趣。

2)抢截球时机要准确,要合理。

3)抢球时动作要迅速、果断。

(七)掷界外球

掷界外球是指在比赛中越出边线的球,按足球竞赛规则规定用手将球掷入场内,恢复比赛的一项技术。

掷界外球有原地掷界外球和助跑掷界外球两种方法。

▶▶ 1.原地掷界外球

动作要领(图7－20)：

(1)面向比赛场地,双手持球于头后。

(2)把球从头后经头顶用连贯的动作把球掷入场内。

(3)球掷出后,双脚均不得全部离地和踏进场内。

图 7—20　原地掷界外球

▶▶ **2.**助跑掷界外球

动作要领:

(1)助跑时双手持球于胸前,助跑距离不宜太长。

(2)掷球的动作与原地掷界外球相同。

实际练习:

(1)两人一球互掷,距离可由近至远。

(2)需要增加掷球远度,可用实心球代替。

练法点拨:

(1)单人对墙进行掷球练习,也可采用两人对掷界外球练习或一人掷球,另一人做接球练习,两人轮流练习的形式。

(2)足球规则规定:掷界外球时脚不能离地、进场或远离规定的掷球点。

二、足球运动的基本战术

(一)足球运动战术的分类

足球运动战术是比赛中战胜对手,根据主、客观条件而采用的个人与集体之间配合的足球综合表现。它与技术、身体素质和心理品质有相当紧密的联系。

整场比赛是由进攻和防守两大部分组成的,因此,足球战术可分为进攻战术和防守战术。进攻和防守分别包含了个人和集体战术两类。

（二）足球运动的基本战术

1.比赛阵形

比赛阵形是比赛场上队员的位置排列、攻守力量搭配和职责分工的形式。阵形人数排列一般是从后卫排向前锋，根据队员排列层次分成后卫线、前卫线、前锋线。守门员职责固定，一般不予计算。常见的比赛阵形有"4—3—3""4—4—2""3—5—2""4—5—1"等。

（1）4—3—3阵形的特点。在这个阵形中，把三个前锋放在前锋线上，中场也设立了三名球员，不但加强了防守能力，还使进攻的方式变得更加灵活。一般来说，此阵形中的后卫可分为两个中后卫，两个边后卫，使得防守更加有层次，更加有立体性。前卫可分为一前二后或二前一后，不管哪种安排，中场都必须起到一个攻守的枢纽作用；边前卫主要负责加强进攻，中前卫主要负责组织进攻和参与防守。前锋也可分为中锋和边锋两种：边锋主要通过运球突破对方防守、射门或传中，同时要负起门前强点射门的任务；中锋是锋线的尖刀，主要是突破、抢点和射门。

（2）4—4—2阵形的特点。此阵形和前面阵形最大的区别就是把一个前锋队员放到了中场，加强了防守的能力。后防的位置和任务基本和"四三三"一样。中场有4名队员，有利于防守，同时也有利于夺取中场的优势和主动权。前锋的要求是突破能力强，善于把握破门的机会。整个队员的分布虽然是攻少守多，但是可以通过合理有序的组织，保证比赛中攻守力量的平衡。

第三，3—5—2阵形的特点。此阵形最明显的特点是中场人数多，力量强大，有利于控制中场主动权，有效地阻止对方的进攻，减轻后场的防守压力；后卫线的3名队员大胆地紧逼盯人，相互保护补位；中场队员插上进攻的点多，而且隐蔽性较强。

第四，4—5—1阵形的特点。此阵形是一个相对侧重于防守的阵形。后卫线的4名队员主要的力量用于防守，并协助控制中场和组织进攻；中场人数多，力量大，能够很好地控制中场的主动权，减轻后场的防守压力；前锋线上只有1名队员，进攻的力量相对薄弱，不过从防守反击战术来说，也有它的优势所在。

2.进攻战术

（1）个人进攻战术

个人进攻战术是队员在比赛中，为了战胜对手，完成整体进攻任务而采取的个人行动。它包括摆脱、跑位、传球、射门等。

①摆脱与跑位

每当队员得球，都要发动进攻，同队队员要迅速摆脱对手，造成空当，给有球同伴创造多条传球路线，以更好地进攻。摆脱对手紧逼，可采用突然启动、冲刺跑、急停、突然变向、变速和假动作等。跑位就是有目的地跑向有利位置或空当。跑位能使自己在短时间内摆脱对手接球，推进进攻。

②传球

传球是配合的基础，是完成战术配合创造射门机会的主要手段。选择目标、把握时机、控制力量与方向是传好球的重要环节。

③射门

射门是一切战术配合的最终目的。准确、有力的射门，往往使守门员猝不及防而失球。

(2)局部进攻战术

局部进攻战术是指进攻中两队或几个队员之间的配合方法。它是集体配合的基础。其配合形式有"二过一"配合、传切配合、三人配合等。局部进攻战术通常以"二过一"配合为基础。"二过一"配合是在局部地区两个进攻队员通过两次以上的连续传球配合，越过一个防守队员的配合行动。"二过一"配合包括"斜传直插二过一""直传斜插二过一""回传反切二过一"，见图7—21、图7—22、图7—23，以及"踢墙式二过一""交叉掩护二过一"。

①阵地进攻中的边路传中、中路渗透、中路转移。边路传中是指在对方半场两侧地区发动的进攻，通过传中来创造射门机会。此方法是针对对方边路防守人数较少、空间较大的缺点，突破防线，然后传中，由中路或异侧的同伴包抄完成射门。

中路渗透一般由后场发动进攻、中路发动进攻和前场发动进攻三种形式。

中路转移是针对在比赛中，中路聚集着双方较多的队员，中路渗透不能奏效的情况，将球从中路转移到边路以分散防守力量，然后再从边路突破或者传中的一种进攻战术。

②快攻。快速进攻是非常有效的一种进攻战术。主要特点就是由守转攻时对方的防守还不是很到位，通过最简单的快速传递配合来创造射门机会。主要有：一是守门员获得对方射门的球时，守门员快速地踢球或手抛球发动进攻；二是在中前场抢截到对手的球时马上快速发动进攻；三是在中后场获得任意球时，快速发球也能形成快攻机会。

图 7-21　斜传直插二过一　　图 7-22　直传斜插二过一　　图 7-23　回传反切二过一

▶▶ 3. 防守战术

（1）基础战术

①选位和盯人

它是防守战术中的基础。防守队员站位时一般应处于对手与本方球门中心所构成的一条直线上。一般情况下，对对方有球队员以及可能接球的队员要紧逼；对离球远的对手可采用松动盯人。

②局部防守配合

保护和补位是局部地区集体防守的基础，队员之间应保持适当的斜线站位。当一侧被突破时，另一个应立即补位，被补位队员迅速回到补位队员的位置。

（2）全队战术

①人盯人防守

除拖后中卫外，每个队员都要盯住一个指定对手。原则上对手跑到哪里就盯到哪里，拖后中卫进行区域防守，执行补位的任务。

②区域盯人防守

每个队员在自己防守的区域内进行盯人防守，无论哪个对手进入自己的防区就盯住他，一般不越区盯人，拖后中卫执行补位的任务。

③混合防守

混合防守是现代足球用得较多的一种防守方法，就是把人盯人防守和区域盯人防守结合起来。一般拖后中卫执行补位，另外三个后卫盯人，前卫和前锋区域盯人。"全攻全守"的踢法在防守时，每个队员都有防守任务。防守的关键是：场上队员要做到延缓对方进攻；快速回防到位，保持防守层次，紧逼盯人，严密守住球门前 30 米区域。

在现今的比赛中全队的防守方法一般有三种。一种是在进攻丢球后立即就地抢截；另一种是在进攻中丢球后，前锋队员在前场封抢，其他队员立即退回本方半场防区进行防守抢截；第三种是在进攻失误丢球后，全队退至禁区前组织密集防守,阻击对方的进攻。

三、竞赛规则

(一)比赛场地

(1)足球场地长 100～110 米,宽 64～75 米,由边线、端线、球门线、中线、球门区、罚球区、脚球区、罚球点、中点、中圈、罚球弧等区界构成。

(2)场地各界线的宽度不得超过 12 厘米。

(3)球门宽 7.32 米,高 2.44 米,角旗高 1.50 米(图 7－24)。

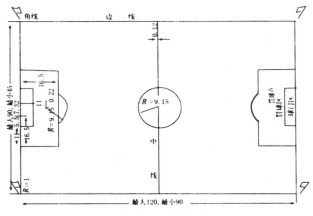

图 7－24 比赛场地

第一,球门线。球门线是判断进球的标志线。罚点球时,守门员在球踢出前,必须两脚站在球门线上,不得移动。

(2)中线。中线指平分球场的横线。开球时,双方球员站在本方半场内,当球踢出越过中线进入对方半场时,比赛方为开始。

(3)球门区。球门区是指靠近球门的小长方形区域。当守门员在该区域内手中无球或在空中持球时,对方队员不得对他进行冲撞;发球门球时,守门员将球放在球出界一侧的球门区内。

(4)罚球区。罚球区指球门前的大长方形区域。在该区内,守方的守门员可用手触球;罚点球时,除守门员和罚球队员外,其他队员须退出罚球区和罚球弧外,踢球门球或守方罚任意球时,球必须踢出该区,比赛方为开始,在此之前,对方队员必须退出该区,并距球至少 9.15 米远。

（二）比赛方法

▶▶ **1.** 比赛时间

全场比赛时间为 90 分钟,分为上下半时,各 45 分钟,中间休息时间不得超过 15 分钟。因故损失的时间,应在该半时补足,具体时间由裁判员决定。在淘汰赛中,两队比赛成平局时,则通过加时赛或互踢点球方式决出胜负。

▶▶ **2.** 队员人数

比赛时,每队上场队员 11 人,其中一人为守门员。国际正式比赛每队最多可替换 3 名队员。任何其他队员都可与守门员互换位置,但须事先通知裁判员,待死球时进行。被替换下场的队员不得重新上场比赛。

▶▶ **3.** 比赛开始

比赛开始前应用掷币方式选定场地。裁判员发出信号后由开球队一名队员将球踢入对方半场。下半场双方交换场地进行,并由上半场开球队的对方一名队员开球。

（三）规则简介

▶▶ **1.** 越位

当进攻队员较球更接近对方球门线者,即处于越位位置。

(1)越位判罚。在同队队员传球的一刹那,越位队员正在干扰比赛或干扰对方或正企图从越位位置获得利益,则判罚越位,应由对方队员在越位地点罚间接任意球。

(2)越位而不判罚。当队员仅处于越位位置或队员直接接球门球、角球、界外球时不应判罚为越位。

▶▶ **2.** 犯规与不正当行为

直接任意球:

队员故意违反下列任何一项规定,应由对方队员在犯规地点踢直接任意球。

（1）踢或企图踢对方队员；

（2）绊、摔对方队员；

（3）跳向对方队员；

（4）冲撞对方守门员；

（5）打或企图打对方队员；

（6）推对方队员；

（7）纪球时，触球前触到对方队员；

（8）拉扯对方队员或向对方队员吐唾沫；

（9）故意手球或用手臂部携带、击打或推击球（除守门员在本方罚球区内）。

防守队员在本方罚球区内违反上述情况中的任何一种时，应判罚点球。

间接任意球：

队员故意违反下列任何一项规定，应由对方在犯规地点踢间接任意球。

（1）队员有危险动作；

（2）不合理冲撞、阻挡；

（3）守门员接回传球；

（4）有意延误比赛时间。

黄牌警告：

比赛开始后，队员擅自进出场地；队员持续违反规则；用言语或行动对裁判员的判罚表示不满，延误比赛时间，故意离开比赛场地，及有不正当行为的，裁判员应给予黄牌警告，并判由对方在犯规地点踢任意球。

红牌罚出场：

有恶劣行为或严重犯规；暴力行为；用污言秽语辱骂对方队员；经黄牌警告后，又出现第二次可警告的犯规，以上情况应红牌罚出场，并由对方在犯规地点踢任意球。

掷界外球：

掷球时，队员必须面向球场，两脚均应有一部分站在边线上或边线外，不得全部离地，用双手将球从头后经头顶掷入场内。所掷界外球不能直接掷入球门。

角球：

当球被防守队员踢出本方端线时，由对方踢角球。踢角球时，不得移动旗杆，必须将球放在角球区内执行。踢角球可以直接射门得分。

第二节　篮球运动

篮球运动是将球投入对方球篮、以得分多少决胜负的集体球类运动项目,是最受人们喜爱的球类运动项目之一。

一、篮球基本技术

篮球技术是队员在比赛中以攻守为目的所运用的各种专门动作的总称,是队员进行比赛的主要手段。基础阶段基本技术掌握得好坏,直接影响着队员高难度动作的掌握和篮球水平的提高。因此在开始阶段练好基本技术,对在今后比赛中取胜有着重要的意义。

(一)移动技术

≫ 1.起动

从基本站立姿势开始,向前起动时以后脚或异侧脚(向侧起动)前脚掌短促有力地蹬地,同时上体迅速前倾或侧转,向跑动方向移动重心,手臂协调摆动,充分利用蹬地的反作用力,迅速向跑动方向迈出。

动作要领:移重心,起动后的前两三步前脚掌蹬地要短促有力。

≫ 2.变向跑

变向跑是队员在跑动中利用方向的变化完成攻守任务的一种方法。从右向左变向时,最后一步用右脚前脚掌内侧用力蹬地,同时脚尖稍加内扣,迅速屈膝降重心,腰部随之左转,上体向左前倾,移动重心,左脚向左前方跨出,蹬地脚及时跟上。

动作要领:变方向的瞬间屈膝降重心、移重心,异侧脚前脚掌内侧迅速蹬地,同侧脚迅速跨出,蹬地脚及时跟上。

≫ 3.侧身跑

侧身跑是队员在向前跑动中,为观察场上情况,侧转上体进行攻守动作的一种方法。队员在向前跑动时,头部与上体侧转向球的方向,脚尖正对跑动的前进方向,内侧腿深屈,外侧脚用力蹬地。

动作要领:面向球转体,切入方向的内侧腿深屈,外侧脚用力蹬地,重心内倾。

▶▶▶ 4. 急停

(1)跨步急停。急停时向前跨出一大步,腿微弯曲,脚跟先着地,同时上体稍后仰,重心后移,上第 2 步时重心下降,用脚掌内侧蹬地,停后重心移至两脚上。

动作要领:第 1 步要大,第 2 步要跟得快,脚前掌内侧用力蹬地。

(2)跳步急停。移动中用单脚或双脚起跳,上体稍后仰,落地时全脚掌着地,两腿弯曲,两臂屈肘微张,以保持身体平衡。

动作要领:重心放在两脚之间,两腿弯曲,两臂屈肘在体侧,保持平衡。

▶▶▶ 5. 滑步

滑步是防守移动的一种主要方法,可分为侧滑步、前滑步和后滑步。以侧滑步为例:滑步前,两脚左右开立约与肩同宽,膝微屈,上体稍前倾,两臂侧伸,目平视。向左滑步时,右脚前脚掌内侧用力蹬地,左脚同时向左跨出,在落地的同时,右脚迅速随同滑行,然后重复上述动作,滑步时身体要保持平稳。

动作要领:重心平稳,移动时做到异侧脚先蹬,同侧脚同时跨出,异侧脚再跟上。

▶▶▶ 6. 移动技术学练方法

(1)在明确各种移动技术动作要领的基础上做模仿练习,重点体会重心变换和脚用力的部位。

(2)在练习过程中,根据熟练程度,逐渐加快移动速度,直至达到实战需要。

(3)做各种移动技术的组合练习,以提高动作的连接能力。

(4)结合对抗做移动技术练习,以增加对抗性。

(5)在实战中体会移动技术要点,以提高动作的实效性。

(二)传球技术

传球是篮球比赛中进攻队员之间有目的的转移球的方法。它是场上队员之间相互联系和组织进攻的纽带,是实现战术配合的具体手段。

▶▶ 1.双手胸前传球

两手手指自然分开,拇指相对成八字形,用指根以上的部位持球,手心空出,屈肘持球于胸前。传球时,后脚蹬地重心前移,同时前臂迅速向传球方向伸出。拇指用力下压,手腕前屈,中、食指用力拨球将球传出(图7—25)。

动作要领:蹬地,展体,伸臂,扣腕,手腕急促地由下而上、由内向外翻,同时拇指下压,中、食指用力拨球。

▶▶ 2.单手肩上传球

以右手传球为例。双手持球于胸前,两脚平行开立。传球时,左脚向传球方向迈出半步,同时将球引至右肩上方,肘外展,右手托球,左肩侧对传球方向,重心落在右脚上,右脚蹬地,身体向传球方向转动,以大臂带动小臂,肘关节领先,前臂迅速向前挥摆,手腕前屈,通过食指和中指拨球将球传出。球出手后,重心前移,右脚向前迈出半步,保持基本站立。

图7—25　双手胸前传球

图7—26　单手肩上传球

动作要领:转体挥臂,扣腕,自下而上发力。

▶▶ 3.传球技术学练方法

(1)明确传球的动作要领,做原地徒手的模仿练习。

第二,对墙设定目标,做原地传球练习,体会手臂、腕、指的动作及传球路线和掌握落点。

(3)原地将球传给跑动中的队员,体会移动中传球的提前量和落点。

(4)在消极防守的情况下练习传球的落点。

(5)在实战中体会合理地运用不同的传球技术,控制球的速度、路线。

(三)投篮技术

投篮是篮球运动的关键技术,是唯一的得分手段,投篮得分的多少决定着比赛的胜负。

▶▶ 1. 双手胸前投篮

两脚前后站立,与肩同宽。双手持球于胸前,肘关节自然下垂。上体稍前倾,两膝微屈,身体重心放在两脚之间,目视目标。投篮时,两脚蹬地,腰腹伸展,两臂上伸,拇指向前压送,两手腕同时外翻,指端拨球,用拇指、食指、中指投出,腿、腰、臂自然伸直(图7—27)。

图7—27 双手胸前投篮

动作要领:动作的关键在于掌握好屈膝蹬地,腰腹伸展,手臂上伸和球出手时手腕、手指用力要连贯协调。

▶▶ 2. 单手肩上投篮

以右手投篮为例。右手五指自然分开,向后屈腕,屈肘持球于肩上,左手扶球,右脚稍前,左脚稍后,重心放在两脚之间,上体稍前倾,两腿微屈,目视目标。投篮时,用力蹬地,伸展腰腹,抬肘,手臂上伸,手腕、手指前屈,指端拨球,用中、食指将球投出,手臂向前上方自然伸直(图7—28)。

动作要领:投篮时要自下而上发力,抬肘,手臂上伸,屈腕拨球,将球投出。

图 7—28　单手肩上投篮

>> **3.行进间单手低手投篮**

右手投篮时,一般右脚腾空接球落地。接球时第1步稍大,第2步稍小,用左脚向前上方起跳。腾空时,持球手五指自然分开,托球的下部,手臂向上伸展。接近球篮时,手腕柔和上摆,食指、中指、无名指向上拨球,擦板或空心投篮(图7—29)。

图 7—29　**行进间单手低手投篮**

动作要领:第1步大,第2步稍小且继续加速,腾空高,投篮瞬间要控制好身体的平衡。

>> **4.运球急停跳起投篮**

在快速运球中,运用跳步或跨步急停,突然向上起跳,同时持球上举。当身体接近最

高点时,前臂向前上方伸直,手腕前屈,食指、中指用力拨球,通过指端将球投出(图7—30)。

图 7-30　运球急停跳起投篮

动作要领:运球急停跳投的关键在于快速运球中急停的步伐要稳,连接起跳技术要协调,身体腾空和投篮出手要协调一致。

5. 投篮技术学练方法

(1)明确投篮动作要领后,徒手做原地投篮的模仿练习。

(2)持球原地对墙或人做投篮练习。

(3)面对球篮做投篮练习,根据投篮技术掌握程度,变换投篮距离和角度。

(4)在消极防守下进行投篮练习。

(5)在实战中体会投篮动作,掌握投篮出手的力量、角度和时机。

(四)运球技术

运球是一项重要的进攻技术,是控制球、组织战术配合及突破防守的重要手段。

1. 高运球

运球时,两腿微屈,目平视,运球手用力向前下方推压球,球的落点在身体的侧前方,使球反弹起的高度在腰腹之间,手脚配合协调,使球有节奏地向前运行(图 7-31)。

图 7-31　高运球

▶▶ **2. 低运球**

两脚前后开立,两腿弯曲,重心下降,上体前倾,用远离防守队员的手用力向下短促地推压球,使球从地面向上反弹起的高度在膝部以下(图7—32)。

动作要领:大小臂的发力要协调,手腕的用力要柔和,控制好球的反弹高度。

图7—32　低运球

▶▶ **3. 运球急停急起**

在快速运球中,突然急停时,手拍按球的前上方。运球疾起时,要迅速起动,拍按球的后上方,要注意用身体和腿保护球(图7—33)。

图7—33　运球急停急起

动作要领:运球急停急起时,要停得稳,起得快。

▶▶ **4. 转身运球**

以右手运球为例。变向时,右脚在前为轴,做后转身的同时,右手将球拉至身体的左侧前方,然后换手运球加速前进(图7—34)。

图7—34　转身运球

动作要领:运球转身时要降低重心,拉球动作和转身动作要连贯一致。

▶▶ 5. 背后运球

以右手运球为例。向左侧变向时,右脚在前,右手将球拉到右侧身后,迅速转腕拍按球的右后方;将球从身后拍按至身体的左侧前方,然后左手接着运球,左脚向前加速前进(图7—35)。

图7—35　背后运球

动作要领:右手将球拉至右侧身后时,要以肩关节为轴,并迅速转腕拍按球的后上方。

▶▶ 6. 运球技术学练方法

(1)做原地的各种运球练习,体会手臂、手腕、手指及上下肢配合的协调性。
(2)做左、右手的直线运球,体会行进间运球的部位。
(3)运球熟练后,做多种运球的组合练习。
(4)结合防守做各种运球练习。
(5)在实战中体会各种运球的合理运用。

(五)持球突破技术

持球突破是持球队员运用脚步动作和运球技术快速超越对手的一项攻击性技术。

▶▶ 1. 交叉步突破

以右脚做中枢脚为例。两脚左右开立,两膝微屈,降低身体重心,持球于胸腹之间。突破时,左脚前脚掌内侧用力蹬地,上体稍右转,左肩向前下压,重心移向右前方,左脚向右侧前方跨出,将球引于右侧,右手运球,中枢脚蹬地向前跨出,迅速超越对手(图7—36)。

图7—36　交叉步突破

2. 顺步突破

准备姿势和突破前的动作要求与交叉步相同。突破时,右脚向右前方跨出一步,向右转体探肩,重心前移,右手将球运在右脚的外侧,左脚迅速蹬地,向右前方跨出,突破防守(图7—37)。

图7—37 顺步突破

3. 持球突破技术学练方法

(1)原地徒手做持球突破练习,体会脚步动作的要领。
(2)原地持球做突破练习。
(3)结合球篮做持球突破接行进间投篮练习。
(4)消极防守做持球突破接行进间投篮练习。
(5)在实战中结合比赛的情况,合理运用突破技术。

(六)防守对手技术

防守对手是防守队员合理地运用各种步法和手臂动作积极地抢占有利位置,阻挠和破坏对手的进攻意图和行动,并以争夺控制球权为目的。

1. 防守无球队员

防守时,位置要保持在对手与球篮之间,偏向有球的一侧。防守队员要根据球和人的移动合理地运用上步、撤步、滑步、交叉步、并步和快跑等步法,并配合身体动作抢占有利防守位置,堵截其摆脱移动路线。在与对手发生对抗时,重心下降,双腿用力,两臂屈肘外展,扩大站位面积,上体保持适宜紧张度,在发生身体接触瞬间提前发力合理对抗。

动作要领:要抢占"人球兼顾"的有利位置,防守时,要做到内紧外松,近球紧、远球松,松紧结合。防止对手摆脱空切,随时准备协防补防。

2. 防守有球队员

应站位于对手与球篮之间。平步防守时,两脚平行站立,两手臂侧伸,不停地挥摆,适合于防运球和突破。斜步防守时,两脚前后站立,前脚同侧手臂向前上方伸出,另一手臂侧伸,适合于防守投篮。

动作要领:要及时抢占对手与球篮之间有利的防守位置,并根据进攻队员的技术特点,采用平步防守或斜步防守步法。

3. 防守对手技术学练方法

(1)在对手静止站立状态下,选择正确位置和距离。

(2)在对手移动时选择正确的位置和距离。

(3)结合移动技术练习,进行消极对抗下的防守练习。

(4)结合实战,根据场上情况,合理运用技术动作。

(七)抢球、打球、断球技术

抢球、打球、断球是防守中具有攻击性的技术,它是积极的防御思想在防守过程中的体现,是积极防守战术的基础。

1. 抢球

抢球动作可分为两种。一种是转抢,防守队员抓住球的同时,迅速利用手臂后拉和两手转动的力量,将球从对方手中抢过来。另一种是拉抢,防守队员看准对手的持球空隙部位,迅速用两手抓住球后突然猛拉,将球抢过来(图7-38)。

图7-38 抢球

动作要领:判断准确,下手及时。

2. 打球

打持球队员手中的球时要根据持球的部位采用不同的动作。队员持球高时,打球时掌心向上,用手指和手掌打球的下部;队员持球低时,打球时掌心向下,用手指和手掌打球的上部(图7-39)。

图 7－39　打球

动作要领:打球时动作要小而快,切记不要过大过猛。

▶▶ **3.断球**

断球方法分两种,一是横断球,二是纵断球。横断球时,降低身体重心,当球由传球队员传出时,单脚(或双脚)用力蹬地,突然跃出(两臂前伸将球断掉)。纵断球时,当防守队员从接球队员的右侧向前断球时,右脚先向右侧前方跨出半步,然后侧身跨左脚绕过对方,左脚(或双脚)用力蹬地向前跃出,两臂前伸将球断掉(图 7－40)。

图 7－40　断球

动作要领:掌握断球时机,动作快速突然。

▶▶ **4.抢、打、断球技术学练方法**

(1)徒手体会抢、打、断球时的手部动作。
(2)练习抢、打、断球时的脚部动作。
(3)抢、打持球队员手中的球。
(4)结合实战,合理运用抢、打、断球技术。

(八)抢篮板球技术

比赛中双方队员在空中争抢投篮未中从篮板或篮圈反弹出的球,统称为抢篮板球。抢篮板球技术又分为抢进攻篮板球和抢防守篮板球。抢篮板球技术由抢占位置、起跳动作、抢球动作等组成。

▶▶ **1.抢占位置**

无论是进攻队员或防守队员,在抢篮板球时,应根据对手和投篮队员所处的位置,判断球的反弹方向,运用快速的脚步移动,抢占在对手与球篮之间靠内线的位置,力争将对手挡在自己的身后。

动作要领:判断准确,移动及时,抢位得当。

▶▶ 2. 起跳动作

两腿屈膝,重心降低,上体稍前倾,两臂稍屈,举于体侧。起跳时,两脚用力蹬地,两臂上摆,手臂向上伸展,腹、腰协调用力。防守队员一般多采用转身跨步起跳,进攻队员则多采用助跑单脚起跳或跨步双脚起跳。

动作要领:起跳迅速,时机掌握好。

▶▶ 3. 抢球动作

双手抢篮板球时,两臂用力伸向球反弹的方向。身体和手达到最高点时,双手将球握紧,腰腹用力,迅速屈臂将球下拉置于身前。单手抢篮板球时,身体在空中要充分伸展,达到最高点时,手臂要伸直,指端触球,用力屈腕、屈指、屈臂拉球于胸前,另一手护球。当遇到对方身材比较高,不能直接得到球时,可用手指点拨的方法,将球点拨给同伴或点拨到自己便于接球的位置。

动作要领:抢到球时,要迅速持球到有利位置,并加以保护或采用下一个进攻动作。

▶▶ 4. 抢篮板球技术学练方法

(1)徒手模仿起跳和抢球练习。
(2)自己向上抛球,练习单、双脚起跳抢球动作。
(3)两人一球,站篮圈两侧,轮换跳起在空中用单手或双手将球托过篮圈,碰板后传给同伴。
(4)三人一组,一人投篮,另两人练习抢进攻篮板球或防守篮板球。
(5)结合实战,练习抢篮板球。

二、篮球的基本战术

(一)篮球战术概念

篮球战术,是指在比赛中为了战胜对手,队员个人技术的合理运用和队员之间相互协调的组织形式。

(二)组成篮球战术的因素

无论攻、守基础配合,还是攻、守战术都包含有位置(落位)、任务、路线、技术、时间五个因素。

(1)位置(落位):任何战术都有一定的落位队形,每个队员按一定阵形站位,这就是位置。

(2)任务:在完成战术配合过程中,每个队员都必须有明确的角色意识(自己是一个什么角色),并各尽其职去完成任务。

(3)路线:组织任何技术,人和篮球都应有固定的移动路线。根据战术要求和每个人的任务,队员和篮球有计划、有目的地移动,这就形成了一定的路线。

(4)技术:技术是战术的基础。每个队员必须有全面的技术。在执行全队战术配合时,每个队员根据具体职责,以娴熟的技术去保证战术配合的完成。

(5)时间:在完成战术配合时,必须根据战术的结构、组成情况,严格地按一定程序去完成,这就是时间上的要求。

以上五种因素互相联系,相辅相成,任何一个环节解决不好都会影响战术的质量。

(三)组织战术原则

(1)根据战略指导思想,技术风格和本队的具体条件确定适合本队的情况的战术。

(2)应贯彻"积极、主动、勇猛顽强、快速、灵活、全面准确"的技术风格。

(3)组织进攻战术:①组织快攻要体现快速、灵活的风格,并具有本队的特点。②组织阵地进攻要坚持"点面结合""内外结合""左右结合""主攻与辅攻结合""组织抢进攻篮板球与退守结合",组织好战术配合的连续性、队员之间配合的协调性以及队员在场上行动的统一性,充分发挥每个队员的攻击性。

(4)组织防守战术要贯彻攻势防守的原则。重视由攻势转守势的意识和速度,确定各种防守的固定队形和不固定队形,确定由攻转守时的紧逼、找人和封堵的分工、边堵边退的配合以及分布阵等,贯彻以集中优势兵力打歼灭战的原则。组织夹击,回防区域,积极进抢、打、断和堵防、补防的结合,组织内外线防守力量和防守重点队员的分配,积极组织拼抢守篮板球,积极反攻。

(四)篮球战术基础配合

战术基础配合是两三人之间协同动作组成的简单配合。

▶▶ 1. 进攻战术基础配合

(1)传切配合

传切配合是两三名队员利用传球和切入组成的简单配合。

传切配合的要点:①合理选择进攻位置,队形要拉开,按战术路线跑动;②持球队员运用投篮和突破等假动作,吸引对手,以便及时把球传给切入的伙伴;③切入的队员要先靠近对手,然后突然快速侧身跑,摆脱对手向篮下切入,随时注意接球进攻。

(2)掩护配合

掩护配合是进攻队员选择正确的位置,运用合理的技术,以身体挡住同伴的防守队员的移动路线,给同伴创造摆脱防守、获得进攻机会的一种配合方法。

掩护配合的要点:①掩仿队员要站在同伴的防守队员的移动线上;②掩护配合行动要突然、快速,运用假动作造成防守队员错觉,完成掩护配合;③同伴之间必须掌握好配合动作的时间;④当防守队员交换防守时,掩护队员要运用掩护后的第二个动作,突然转身切入篮下或寻找其他的进攻机会;⑤在进行掩护过程中,掩护队员和同伴都要做一些进攻动作,吸引住对手,达到隐蔽掩护配合的意图(图7—41、图7—42)。

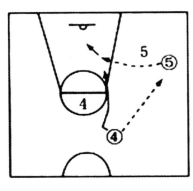 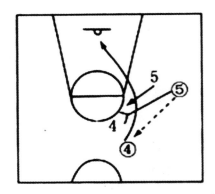

图7—41　掩护配合一　　　　图7—42　掩护配合二

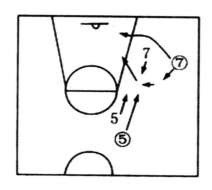

图 7－43　突分配合

（3）突分配合

突分配合是持球队员运用突破打乱防守部署或吸引防守，并及时将球传给同伴，使同伴获得进攻机会的配合方法。

如图 7－43 所示，⑤从防守者的左侧突破，并接受，上来和⑤"关门"防守。此时⑦及时跑到有利的进攻位置上去接⑤传来的球投篮或做其他进攻配合。

突分配合的要点：①突破队员的动作要突然、快速。在突破过程中，既要有传球的准备，又要有投篮的准备；②突破队员在突破过程中，要始终注意观察场上攻、守队员位置变化，及时分球或投篮；场上其他进攻队员要掌握时机跑到有利的进攻位置上去接球。

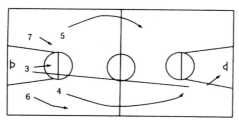

图 7－44　长传快攻

（4）策应配合

策应配合是指进攻队员背对或侧对球篮接球，并以他为枢纽，与同伴相互配合而形成的里应外合的进攻方法。

策应配合的要点：①正确选择策应点，迅速摆脱防守，抢占策应的位置；②策应队员接球后两脚开立，两腿弯曲，上体稍前倾，两肘微屈，两手持球于腹前，用臂和身体保护好球，要随时注意观察场上情况，以便及时将球传给有利进攻机会的同伴或自己伺机进攻；③策应队员在策应过程中，运用好跨步、转身来调整策应方向和位置，以便协助同伴摆脱防守或为自己创造进攻机会；④同队队员传球给策应队员后，要及时摆脱、接应或切向篮下进攻。

≫≫ 2. 防守战术基础配合

防守战术基础配合是两三名队员在防守中运用协同防守配合的方法,它包括挤过、穿过、交换防守、"关门"、夹击、补防等防守配合,是组成全队防守的基础。

(1)挤过配合

挤过配合是当掩护队员在进行掩护的一刹那,被掩护的防守队员主动上前,靠近自己的防守对象,并随其移动,从两名进攻队员之间侧身挤过去,继续防守自己对手的配合方法。

挤过配合要点:①防守掩护的队员,应及时提醒同伴注意对方掩护,自己随移动应稍向后撤,以便补防;②被掩护的防守队员要及时、主动上步贴近自己的对手。

(2)穿过配合

当防攻队员进行掩护时,防守掩护的队员主动后撤一步,让同伴(即被掩护的防守队员)及时从自己和掩护队员之间穿过去,以便继续防守住自己对手,称为穿过配合。

穿过配合要点:①当对方掩护时,防守掩护的队员要主动、及时后撤一步;②被掩护的队员要快速穿过堵住的进攻路线。

(3)交换防守配合

交换防守是当对主进行掩护或策应地,两名防守队员及时交换自己防守对手的一种配合方法。

交换防守配合要点:①交换防守前,防守掩护的队员要及时地把换人的信号告诉同伴并积极堵截切入队员的路线;②被掩护的防守队员接到换人的信号后,积极堵截掩护队员向内线切入的移动路线。

(4)"关门"配合

"关门"是当进攻队员持球突破时,防守突破的队员向侧后滑步。同时,临近突破一侧的防守队员迅速向进攻队员的突破路线滑动,与防守突破的队员靠拢,像两扇门一样地关起来,堵住持球突破队员的一种配合。

"关门"配合要点:①防守突破队员要积极防守,堵住进攻队员的突破路线,临近突破一侧的防守队员及时、快速地向同伴靠拢进行"关门",不给突破队员留有空隙;②"关门"后,突破队员一停球,协助"关门"的队员迅速回防自己的对手。

(5)夹击配合

夹击配合是两个防守队员利用有利的区域和时机,封堵持球队员的传球路线,造成持球队员传球失误或违例的一种协同防守的配合方法。

夹击配合要点:①正确选择夹击的区域和时机;②夹击配合时,行动要果断、突然,两名夹击队员应充分运用身体、两臂严密固守持球队员,两人的双脚位置约成90%不让其对手向场内跨步;③夹击时,防止身体接触或抢球造成的不必要的犯规动作;④防守的两名队员在夹击配合过程中,其他防守队员要紧密配合,放弃远离球的进攻队员,严防近球的进攻队员接球。

(6)补防配合

当防守队员被对手突破或绕过时,临近的其他防守队员主动放弃自己的对手,去补漏防守的配合方法,称为补防配合。

补防配合要点:①当同伴被对方突破后,临近的防守队员要大胆放弃自己的对手,果断、突然、快速地补防;②补防时,应合理运用技术,避免犯规;③被对手突破而漏防的队员应积极追防,补防同伴的对手,注意观察对手传球路线,争取断球。

>> **3. 快攻与防守快攻**

快攻是指在由防守转入进攻时以最快的速度、最短的时间,在人数上造成以多打少的优势,或在人数相等以及人数少于对方的情况下,乘对方立足未稳,果断而合理地进行攻击的一种快速进攻战术。

快攻战术是全队战术的主要组成部分,是篮球比赛中得分的重要方法,为国内外篮球队所重视。因此,在快攻训练中,必须加强快攻基础战术的练习以及攻防转化意识的练习,培养勇猛顽强的意志品质和勇于取胜的集体主义精神,不断提高快攻战术质量。

(1)发动快攻的时机

①抢到防守篮板球时发动快攻。②抢、打、断球,获球时发动快攻。③掷界外球时,要想到发动快攻。④跳球,获球后发动快攻。

(2)快攻战术的形式和组织结构

快攻的形式分为长传快攻和短传快攻两种。

①长传快攻。长传快攻是防守队员在后场获球后,立即快速地用一次或两次传球给迅速超越对手的同伴进行投篮的一种配合方法。

长传快攻的要点:全队要有快攻意识;由攻转守获球队员迅速观察场上情况,机警、快速地传球;快攻队员要全力快跑超越对手,并准确判断来球的方向和落点,在跑动中完成接球和投篮。

②短传快攻。短传快攻是防守队员获球后,立即以快速的短传推进和快速跑动获得投篮机会的一种配合方法(图7—45)。

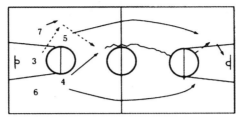

图7—45 短传快攻

(3)防守快攻

防守快攻是防守战术的主要组成部分。它是在进攻转入防守的刹那间,快速地、有组织地制约对方的反击速度和破坏对方快攻路线的配合方法。

防守快攻的要点:

①提高投篮命中率,拼抢篮板球:从比赛规律看,抢篮板球发动快攻的次数最多。因此,提高投篮命中率,减少对方抢篮板球的机会最重要。即使投篮不中,也要拼抢篮板球,破坏对方在空中点拨球发动第一传。

②封第一传,堵接应:当对方控制了篮板球时,离持球队员最近的队员要迅速上前封锁对手的传球路线,其他队员应判断好接应点,阻挠对方接应第一传和有组织地退守。

③堵中路,卡好两边:除封第一传,堵接应外,还应组织力量堵截中路,迫使对手沿边线推进。同时,卡好两边,以防对方偷袭快攻。

④提高以少防多的能力:防守快攻结束阶段,若遇以少防多时,防守队员要沉着冷静,有信心,充分发挥防守的积极性,判断准确,积极移动,合理运用技术,及时补位,提高防守效果。

4.防守战术的基础配合

防守战术的基础配合有挤过、穿过、换防、补防、"关门"和夹击配合等形式。

(1)挤过、穿过配合。当对方进行掩护时,如果防守者发觉,可根据对方掩护者和被掩护者的距离远近,决定向前一步挤过或后撤一步穿过及时防住对手。

(2)换防配合。是为了破坏对方的掩护配合,防守队员之间彼此及时地交换自己所防守的对手的一种配合方法。

(3)关门配合。"关门"是临近的两个防守队员协同防守突破的配合方法。

(4)夹击配合。是两个防守队员运用合理的防守技术,积极防守一个进攻队员的配合方法。

（5）补防配合。是两三个防守队员之间的一种协同防守的配合。当同伴失去有利防守位置，进攻队员有直接得分的可能时，临近的防守队员要立即放弃自己的对手进行补防。

（五）区域联防

区域联防是防守时，每个人分工负责防守一定的区域，严密防守进入该区域的球和进攻队员，并与同伴协同防守的集体防守战术。

区域联防要求合理地分配队员的防守区域，在分工负责防守区域的基础上，五个队员必须协同一致，积极随球移动，加强对有球一侧的防守，做到近球者紧，远球者松；有球者上，无球者补。区域联防的战术队形常用的有"2－1－2""2－3""3－2""1－3"等。

区域联防应根据进攻队的特点和本队的条件来决定采用哪种站位队形进行防守。"2－1－2"联防是区域联防的基本形式，五个队员的位置分布较均衡，移动距离短，便于相互协作，能相对减少犯规。

（六）半场人盯人防守

半场人盯人防守是指在后场每个防守队员盯住一个进攻队员，同时协助同伴完成集体防守任务的全队防守战术。

它的特点是以盯人为主，分工明确，能有效地控制对方进攻重点。半场人盯人防守分为有球一侧防守与无球一侧防守。

有球一侧防守：球在正面圈顶一带时，要错位防守，以防守对手接球为主。球在45°角二带时，要侧前防守。

无球一侧防守：球在圈顶一带和45°角时，无球侧防守者应回缩球，注意协防和篮下。进攻人盯人防守时有各种阵形打法，主要是由传切、掩护策应等局部配合组合而成。

三、篮球基本竞赛规则及裁判法

篮球比赛中，分为主裁判和副裁判。但是在判罚时，主裁判无权改判副裁判的判罚。

主裁判有权决定规则中没有明确规定的事项，决定计时员和记录员意见不同的事项等。副裁判员协助主裁判员组织好比赛,并与主裁判共同履行规则。

(一)比赛场地(图7—46)

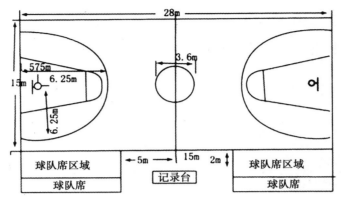

图7—46 篮球场地

(二)比赛通则

▶▶ 1. 比赛时间

比赛由4节组成,每节10分钟(CBA及NBA的比赛时间为每节12分钟),若进行决胜期则每一决胜期的比赛时间为5分钟。在第1节和第2节(上半时)、第3节和第4节(下半时)之间以及每一决胜期之前应有2分钟的比赛休息时间,上、下半时之间的休息时间为15分钟。为进行下半时的比赛,球队应交换球篮。在所有的决胜期中,球队应朝向第4节中相同的球篮继续比赛。第4节及每一决胜期的最后2分钟投球中篮后,应停止比赛计时钟。

▶▶ 2. 暂停

在上半时的任何时间内每队可准予2次要登记的暂停;在下半时的任何时间内每队可准予3次要登记的暂停;在决胜期的任何时间内每队可准予1次要登记的暂停。每次暂停时间为1分钟。

▶▶ 3. 替换

球成死球,比赛计时钟停止时,均可以进行替换。在第4节或决胜期的最后2分钟内,投篮得分时,非得分队可以请求替换。

(三)违例

违例是违反规则。罚则是将球判给对方队员在最靠近发生违例的地点掷球入界。

▶▶ 1. 时间方面

(1)3秒。两个条件:球在前场、计时钟走动。三种情况默许:队员试图离开限制区;队员在限制区接球时不足3秒并开始运球试图投篮;队员在限制区停留超过3秒但外线队员正在做投篮动作时。

(2)5秒。被严密防守时;掷界外球时;罚球时。

(3)8秒。队员获得控制球时从后场推进到前场不得超过8秒。注意中线是后场的一部分,球触及前场的地面或队员、裁判员即认为球进入前场。

(4)24秒。一次完整的进攻时间。在24秒钟内投篮球出手且触及篮圈或进入球篮,其他情况则为违例。强调一下,若24秒回表则8秒重新计算。

▶▶ 2. 关于球的方面

(1)两次运球;

(2)带球走;

(3)携带球;

(4)球回后场;

(5)脚踢球(拳击球);

(6)干扰球;

(7)球出界和队员出界:

(8)跳球违例;

(9)故意将球投入本方球篮:

(10)掷界外球时持球移动超过1米(在裁判员指定的掷球地点)或者不止向一个方向(左右)移动;掷球时直接将球投入球篮、球在手中时进入球场内、球离手后球触及界外、球触及另一队员前,在场上触及球。

(四)犯规

犯规是对规则的违犯,含有与对方队员的非法身体接触和/或违反体育道德的举止。罚则是判给对方掷球入界（若出现跳球情况则按交替拥有箭头执行掷球入界）和/或执行罚球等。队员 5 次犯规（CBA 和 NBA 为 6 次）后将被罚出场。在一节中某队已发生了 4 次（CBA 和 NBA 为 5 次）全队犯规时，该队是处于全队处罚状态。

（1）侵人犯规。非法用手、非法掩护、阻挡、推人、撞人、拉人、过分挥肘、背后非法防守等。

（2）双方犯规。

（3）违反体育道德犯规。

（4）取消比赛资格犯规。

（5）技术犯规。

（6）打架。

（五）最新规则修改

（1）在罚球结束后、球到队员手中准备发球入场前请求暂停或换人时，如果最后一罚或仅有的一次罚球命中，则准许两队暂停或换人。

（2）如果罚球结束后在记录台对面的中线延长线处发球入场，则无论最后一罚命中与否，都应在最后一罚后准许两队暂停或换人。

（3）在第 4 节或决胜期的最后 2 分钟，如果在下列情况下：

（1）有效投篮后准许非得分一方请求暂停；

（2）准许被授予本方后场球权的一方请求暂停。

暂停结束后，应在记录台同侧的中线延长处发球入场。发球入场的队员有权将球传到球场上任何地方的队友。

第三节　排球运动

排球运动是两队对抗，在间隔一网的场地上主要用手或身体任何部位击球过网以决胜负的一项球类运动。

经常参加排球运动，不仅能提高人们的力量、速度、灵敏、弹跳、反应等身体素质和运动能力，还能培养勇敢、顽强、积极果断等优良品质和集体主义精神。排球场设备简单，比赛规则容易掌握，运动量可大可小，因而成为我国人民喜爱的运动项目之一。

一、排球基本技术

排球的基本技术包括准备姿势与移动、传球、垫球、发球、扣球、拦网等。

(一)准备姿势与移动

准备姿势:双脚前后并立,略与肩宽,脚跟微微地提起,屈膝稍内收,上体前倾、抬头双眼注视来球,身体重心保持在两脚之间。

移动:主要表现起动与制动的步法,其步法包括并步、滑步、交叉步、跨步、跑步和综合步等。

实际练习如看手势做动作:①全班成 2～4 列横队站立,教师向前平举手时,学生做半蹲姿势;向上举手时,学生做稍蹲姿势;向下举手时,学生做低蹲姿势,如此反复进行。②队形同上,教师指向左方,学生向右侧移动;指向右方,学生向左移动;指向前方,学生后退移动,指向后方,学生向前移动,如此反复进行。

(二)传球

传球是利用手指手腕伸臂动作来进行传球的技术,它分为正面传球、背传球、侧传球和跳传球四种。

基本要求:

(1)做好排球的准备姿势。

(2)手型:手腕后仰,手指自然分开微屈成半圆球形,小指朝前,拇指相对成一字形,间隔约 2 厘米左右,置于头的前额上方一球处,准备传球。

(3)用拇、食、中指承受球的压力,无名指和小指控制球的方向,触球瞬间,用手指弹力和手腕、伸臂、蹬地的力量将球传出。 如图 7—47 所示。

(1)徒手模仿手型和协调用力。

(2)自抛自接(用传球手型接球)。

(3)对墙近距离传球。

第四,自传。

(5)两人一组间隔两米一抛一传。

(6)两人对传。

图 7—47 传球

（三）垫球

垫球是利用双手小臂形成的垫击面插入球的下面,根据来球的反弹力向前上方击球的过程,主要用于接发球、防守、救各种难球,是组织进攻的基本环节。其技术有:正面双手垫球、体侧垫球、跨步垫球、单手垫球、背垫球以及前扑、鱼跃垫球。

动作要领:

（1）叠指法:两手小鱼际平行靠拢,一手四指并拢重叠在另一手并拢的四指上屈指,两手拇指平行靠拢。

（2）双臂夹紧、伸直、含胸收肩,压腕插入球下。

（3）登地送腰,以肩关节为轴,手腕上 10 厘米处迎击来球。 如图 7—48 所示。

图 7—48 垫球

实际练习:

（1）徒手练习协调用力。

（2）自垫。

（3）对墙垫。

（4）一抛一垫。

（5）对垫。

（6）一抛一移动垫球。

（四）发球

发球标志着比赛的开始,是一种直接得分的进攻方法,同时还能破坏对方的战术。 发球可用手掌、手根、虎口击球。它分为正面和侧面下手发球,正面上手发球、正面发飘球、勾手大力发球、勾手发飘球和跳发球。

▶▶ **1.** 正面下手发球

动作要领：

(1)两脚前后开立,前手持球手臂略伸直轻抛球 25 厘米左右高,身体重心放在前脚上。

(2)后手后引,以肩关节为轴经后、下、前挥臂击球的后下部,同时身体前送,随之进场。如图 7—49 所示。

图 7—49　正面下手发球

▶▶ **2.** 正上手发球

动作要领：

(1)两脚前后开立,重心落在后脚上。

(2)左手向前上方抛球,高度适中,同时右手臂抬起弯屈后引,上体右转,挺胸,展腹。

(3)击球时右臂上举伸直,随着蹬地,收腹迅速挥臂击球的后中下部,重心移至前脚。如图 7—50 所示。

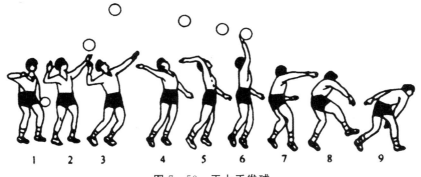

图 7—50　正上手发球

实际练习：

(1)练习抛球。

（2）在限制线后隔网发球。

（3）降低球网全场发球。

（4）对发球。

（五）扣球

扣球是利用良好时机和跳起的高度，用手将球快速直接地击在对方场区内。扣球是进攻的最有效的方法，是进攻得分的重要手段。扣球的种类有正面扣球、勾手扣球、扣快球、调整扣球。

动作要领：

（1）根据球速、方向、高度做好判断步和起跳步选点，屈膝深、起跳快、蹬地猛，上肢配合摆动等有效动作的配合。

（2）起跳后展腹挺胸，展肩拉肘，击球时手臂伸直，收腹转肩，迅速挥臂，以手掌击球中上部，并包卷球体。如图7—51所示。

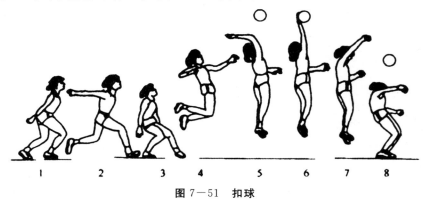

图7—51 扣球

实际练习：

（1）挥击悬吊物。

（2）两人一组原地对扣球。

（3）徒手练习助跑步法。

（4）降低球网自抛自扣。

（5）两人一组降低球网一抛一扣。

（6）助跑扣球。

（六）拦网

拦网是队员在网上利用自己跳起的高度和掌握的时机，用双手阻击对方扣击过来的球，所以拦网是防守的第一道防线，反攻的重要环节，得分的重要手段，还可以直接破坏对方的进攻战术。拦网技术是根据对方扣球的位置,技术特征来决定拦网起跳时机。起跳时双手从额前向网前上方伸出,两臂伸直,提肩,手指自然分开,触击球时,手指紧张,迅速压腕。

二、排球运动基本战术

排球战术,是场上队员在比赛中根据排球规则、排球运动的规律及彼我双方的具体情况和临场的发展变化,有意识地运用技术配合,所采用的有目的、有预见性的行动。排球战术分为进攻战术和防守战术两大体系。

(一)排球战术分类

战术是一种意识或素养,是指场上运动员在发挥技术的过程中,支配自己行动的并带有一定战术目标的心理活动。

排球战术意识是指队员在发挥技术过程中,具有一定的战术目的的心理活动,是队员在运动实践中具备的经验、知识和才能的反映。战术意识的具体内容反映在技术的目的性、行动的预见性、判断的准确性、攻防的主动性、战术的灵活性、动作的隐蔽性和配合的一致性等方面。排球战术分为个体战术和群体战术,其群体战术可分进攻战术和防守战术。

》》1. 进攻战术

进攻是为了使击入对方的球落地或让对方失误而采用的符合规则的方法与手段。群体进攻战术,主要内容包括"中一二""边一二"进攻战术。

(1)"中一二"进攻战术,是由二传(3号位)把球传给4号位和2号位的进攻形式(图7－52)。

(2)"边一二"进攻战术,是由2号位担任二传,把球传给3号位和4号位的进攻形式(图7－53)。

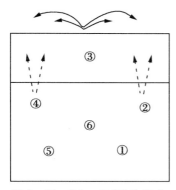

图7－52　"中一二"进攻战术

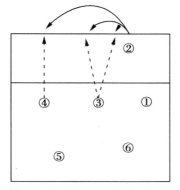

图7－53　"边一二"进攻战术

>>> 2. 防守战术

防守是使把对方击来本方的球在个体或群体按规则规定而取得的成功而得分的球。防守战术主要包括接发球、接扣球及拦网等内容。

接发球站位阵形是指在对方发球时,本方为接好球而站的位置。主要有以下几种。

(1)六人接发球站位或称"一二一二"站位(见图7-54),这是初学者教学比赛用的站位阵形。

(2)五人接发球站位或称"一三二"站位,亦称"W"阵形(图7-55①、图7-55②),是各种比赛时的站位阵形。

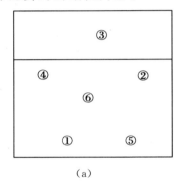

(a) 图7-54 "一二一二"站位   (b) 图7-55 "W"阵形

第三,四人接发球站位(图7-56a)。

(4)边跟进防守站位(图7-56b)。

(5)心跟进防守站位(图7-57)。

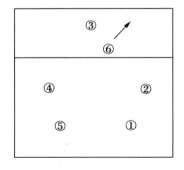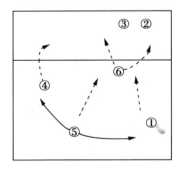

图7-56 人接发球站位和边跟进防守站位

图 7－57　心跟进防守站位

(二)阵容配备、交换位置及信号联系

▶▶ 1.阵容配备

阵容配备是合理地搭配场上队员,充分发挥每个队员特长和作用的组织手段。

(1)"四二"配备:两个二传手安排在对称位置上,其他四人为两个主攻手、两个副攻手分别站在对称的位置上(图 7－58)。

图 7－58　"四二"配备

图 7－59　"五一"配备

这种阵容配合,使每一个轮次前后排都能保持一个二传队员和两个进攻队员,便于组成"中一二"和"边一二"进攻战术。

(2)"五一"配备:五个扣球队员和一个二传队员的配备(图 7－59)。这种配备,适合攻防兼备、技术较全面的队采用。二传队员的对角位置配备一名接应二传,以弥补二传队员来不及去传球的空隙。

比赛中,在规则允许的情况下,根据战术的需要,可采取交换位置的方法,充分发挥每个队员的特长,以达到扬长避短的目的。

2.队员之间的换位

(1)前排队员之间的换位。①为加强进攻,把进攻能力强的队员换到最有利的位置上;②为加强拦网,把拦网好的队员换到3号位;③为了保证二传的场上组织进攻,使二传基本换在3号位。

(2)后排队员之间的换位。为加强后排防守,可把队员互换到各自擅长的防守区域,采用专位防守,或把防守能力强的队员换到防守任务重的区域。

3.信号联络

排球运动是一项需要高度配合默契的集体项目,为实现快速多变的攻防战术配合,必须通过信号联络统一行动。信号联络有以下几种:

(1)语言联络:多用简练的语言,将战术编成代号进行联络;

(2)手势信号联络:确定几种战术手势,在接发球时或防守时由二传队员出示;

(3)落点信号联络:根据一传球的落点位置,作为发动某种战术的信号。

三、排球规则简介

(一)场地设备

排球的球场,如图7—60所示。

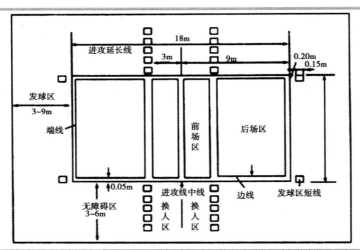

图7—60 排球球场

场地长18米、宽9米,场地中间有中线和球网,将场地平分为两边9米×9米的正方形,两边各边有一条与中线平行的进攻限制线,距中线 3 米,进攻限制线又将各边场地划为前区和后区。成人网高男子为 2.43 米,女子为 2.24 米,网两端有长 1 米、宽 5 厘米的白色标志带垂直边线,两端白色标志带外沿分别设有长 86 厘米的标志杆。球场四周线宽为 5 厘米,在场区内。

(二)得分与轮转

排球比赛按每球得分制计算,当比赛开始无论哪一方球落在本场内、四次触球、持球、连击、过中线、位置错误、将球击出界外等失误为失分。得分方发球。如果发球方失误,对方除得分外还要取得发球权。此时发球方应按顺时针方向依次轮转一个位置发球,使比赛继续进行。

(三)位置错误与触球

(1)准备发球时,场上队员站位不能出现前后、左右位置错位,一旦发球后或击球瞬间场上队员不受位置限制,可以随意移动。

(2)球在某方场区内,该队最多轮流触及三次(拦网除外),球落地为死球。

(四)持球与连击

(1)场上队员可以用身体的任何部位击球,但击球时球停留时间较长(如携带、捞棒、推)应判为持球。

(2)如一队员连续两次击球(拦网除外)为连击。

(五)网前、网上犯规

(1)比赛中队员触及网、标志带(竿)为触网。

(2)单脚或双脚超越中线为过中线。

(3)在对方场区空间内击球为过网击球。

(六)后排犯规

后排队员在前区将高于网沿的球跳起直接击入对方或参加拦网,叫后排犯规。

(七)暂停与换人

(1)每场比赛的前四局分别有三次暂停。在领先队的 8、16 分时共计二次技术暂停是自动执行,时间为 1 分。另外还有一次普通暂停,时间为 30 秒。决胜局无技术暂停,但有二次普通暂停,时间为 30 秒。

(2)每队每局只能换人 6 次,开局的场上队员被替补换下后再次上场,必须回到原来的轮次位置,替补队员每局只能替补上场一次,并且必须是被替补下场的队员来替换下场。

自由人可在比赛中断到裁判鸣哨发球前从进攻线到端线之间后区的边线自由进出,任意替换后排一队员,不计人正常换人次数。

第四节　乒乓球运动

乒乓球因声得名,是体育项目中最形象的叫法,而国际乒联一直沿用"桌上网球"的名称,英文译为 Table Tennis。它是一项富有锻炼价值的运动,特点是球小、速度快、变化多,能锻炼身体,增强体质,丰富生活,增添乐趣。乒乓球集健身性、娱乐性、竞技性、调节性等为一体,深受广大群众喜爱,在我国被誉为"国球"。

一、乒乓球的基本技术

(一)握拍技术

>> **1**. 直握拍法

(1)快攻型直握拍法:拍柄贴在虎口上,拇指的第 1 指节压住球拍左肩,食指的第 2 指节压住右肩,拇指第 1 指节和食指第 1、2 指节位于球拍前面成钳形,两指尖距离 1~2 厘米,其他 3 指自然弯曲叠置于拍后(图 7—61)。

图 7—61　快攻型直握拍法

图 7—62　弧圈型直握拍法

第二,弧圈型直握拍法:食指扣住拍柄与拇指共同形成环状,其他 3 指在拍背面自然微伸叠置于拍后(图 7—62)。

(3)削球型直握拍法:拇指弯曲紧贴拍柄左侧,稍用力下压,其余 4 指分开并自然伸直托住球拍的背面(图 7—63)。

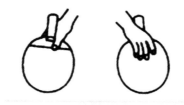

图 7—63　削球型直握拍法

图 7—64　攻击型横握拍法

▶▶ **2. 横握拍法**

(1)攻击型横握拍法:拇指自然斜伸,贴于拍面。食指自然斜伸,贴于球拍背后,用第 1 指节顶住球拍,顶点略偏上(图 7—64)。

(2)削攻型横握拍法:拇指在前自然弯曲贴于拍柄,食指在拍后自然斜伸贴于拍面,其他各指自然握住拍柄(图 7—65)。

(二)站位技术

运动员为了便于回击各种不同落点和性能的球,在每次击球前,都会根据个人的打法。

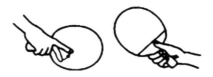

图 7—65　削攻型横握拍法

和身体特点力求使自己处于一个相对固定的位置,并保持一种相对稳定的姿势。这个相对固定的位置就叫基本站位,这种相对稳定的姿势就叫基本姿势。选择正确的基本站位与姿势,有利于迅速起动移动步法,占取合理的击球位置,充分发挥自己的技术特长。

(1)基本站位。进攻型打法一般距离球台 50 厘米左右,擅长近台进攻的选手,站位可再稍近些。擅长中远台进攻的选手,站位可稍靠后些。擅长正手侧身抢攻的选手,可站在球台偏左侧。擅长打相持球或反手实力较强的选,手,可站于球台中间略偏反手的位置。削攻型打法一般距离球台 100～150 厘米左右,多在球台中间略偏反手的位置。

基本站位所指的是一个大概范围,并不是固定的一点。各种类型打法的基本站位不仅不一样,而且它们所指的范围大小也不相同。直拍近台快攻打法的基本站位所指范围较小,弧圈球打法就大些,而削球打法则更大。

(2)基本姿势。两脚开立,比肩稍宽,左脚稍前,右脚稍后,前脚掌内侧着地,脚后跟略提起,两膝自然微屈,重心在两脚之间,含胸收腹,身体略前倾,肩关节放松,执拍手位于身前偏右处,球拍略高于台面。另外,每个选手的基本姿势还要依其身体条件及技术特点略有变化。

(三)步法

乒乓球练习时,由于来球的落点不断变化,要正确地还击每个来球,除必须具备快速的反应和良好的身体素质外,还要靠正确、灵活的步法,及时移动身体到最佳的击球位置。常用的移动步法有单步、并步、跨步、跳步、侧身步、交叉步、结合步等。

▶▶ 1. 单步

击球时以一脚的前脚掌为轴着地,另一脚向前侧、后移动一步,在来球离身体较近角度不大,小范围内使用。

▶▶ 2. 并步

击球时以来球异方向的脚向同方向的脚并一步,然后同方向的脚再向来球方向移一步,移动时无腾空动作,在小范围移动时应用。

▶▶ 3. 跨步

跨步是指一只脚向不同方向跨出一大步,另一脚迅速跟上半步。常在来球急、角度大、离身体较远时使用。

▶▶ 4. 跳步

一脚用力蹬地,使双脚离开地面,同时向左、向右或前后跳动,快攻型打法用此来侧身。

▶▶ 5. 侧身步

右脚向左脚并拢落地时,左脚向左侧方调整一小步,并向侧前方迈出一步。

▶▶ 6. 交叉步

先以靠近来球的脚作为支撑脚蹬地,使远离来球的脚迅速向来球方向跨出一大步,原蹬地脚向前移动一步,一般用来对付离身体较远的球。

▶▶ 7. 结合步

使用一种步法不能获得最佳击球位置时,可使用结合步来完成,移动范围比单一步法大。

实际练习:

(1)左右移动(以球台宽度为界),30秒~1分钟为一组(图7—66)。

(2)左右跨跳(以1/2球台宽度为界),30秒~1分钟为一组(图7—67)。

(3)交叉步移动(以球台长度为界),30秒~1分钟为一组(图7—68)。

图7—66　左右移动　　　图7—67　左右跨跳

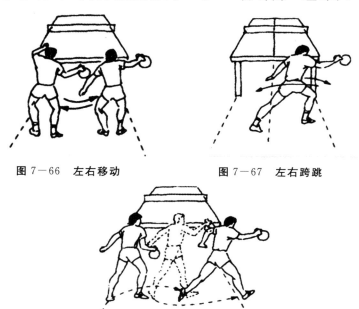

图7—68　交叉步移动

第四,摸球台端线两角(左右侧前、侧后移动),30秒~1分钟为一组(图7—69)。

(5)用多球练习提高步法移动速度(图7—70)。

(6)沿球台侧身滑步接力练习(图7—71)。

图7—69　左右前、侧后移动　　　　图7—70　多球练习移动

(四)发球

发球是唯一不受对方制约的技术,是比赛中力争主动、先发制人、争取胜利的重要环节。

▶▶▶ 1. 正手平击发球

动作要领:左脚在前,身体稍向右转,抛球同时右臂稍向后引拍,拍形稍前倾,持拍手从身体右后方向前挥拍,击球的中上部;击球后,前臂和手腕继续向左前方摆动,身体重心移至左脚(图7—72)。

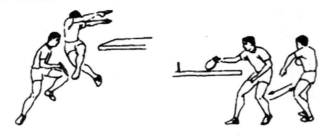

图7—71　侧身滑步接力练习

图7—72　正手平击发球

要点:击球后的第一落点应落在球台的中区。

▶▶ 2. 正手发下旋与不转球

动作要领：

（1）发下旋加转球方法：左脚稍前，右脚在侧后，左手掌心托球于身体右前方；将球抛起当球从高点下降至与网同高时，前臂加速向左前下方发力，击球中下部向底部摩擦，触球时，拍面后仰，手腕加力，切球越薄，发出的球越转。

要点：用球拍的下半部偏前的部分摩擦球的中下部，触球瞬间，加强用力，做下旋的摩擦。

（2）发不转球方法：发不转球动作方法与发加转球动作方法基本相同，注意拍触球时，减少向后角度，并稍加前推的力量（图7－73）。

图 7－73　正手发下旋与不转球

要点：用球拍的上半部去摩擦球的中下部，触球瞬间同样加速，注意体会球拍吃不住球的感觉。

实际练习：

（1）徒手模仿练习。要求：体会手臂、手腕的发力。

（2）一发一接练习。要求：相似动作发不同旋转的球。

（3）发旋转球。要求：发球时要求手法相似。

（4）台面发球比准。要求：先发斜线，再发直线。

（5）采用多球练习。如一筐筐球。

（6）可由浅入深，从易到难，落点从不定点到规定区域。

练法点拨：

（1）正手平击发球是一切发球的基础，也是练习正手攻球的起点，一定要动作规范。

（2）发球的关键是掌握好击球点，而击球点又是与抛球的准确性和稳定性密切。执拍手臂发力，控制拍形，触球时间与部位相关联，要反复进行分解练习和对教学练习挡板、墙进行自练。

（3）抛球不稳定，造成失误多或落点不稳定，须反复练习抛球和执拍手的配合。

（4）击球点过高或过低，造成球出界或下网，可采用多球提高练习密度，并按动作要求反复练习。

（5）发平击式球，拍面前倾不够和发加转下旋球拍面后仰过多，均会造成发球不过网。纠正时需调整拍面角度，并规定第一落点应在台面近端线的 40 厘米范围区域内。

（五）推挡球

推挡球技术特点是站位近、动作小、击球早、球速快、变化多。推挡包括快推、加力推、反手减力推等技术。

➤➤ 1. 推挡

动作要领：挥拍向前方偏上，加力击球的中部，击球时肘关节加速展开以便发力，如挡直线，当球从台面弹起时，前臂向前迎球，手腕略向外展，拍稍竖起，拍面对着对方左角，在球的上升期击球的中上部，拍形稍前倾。如挡斜线，手腕稍向内转，使拍形对着对方右角，触球中上部（图 7-74）。

图 7-74　推挡

图 7-75　快推

要点：随势挥拍，距离要短，快速还原。

▶▶ **2. 快推**

动作要领:击球前,判断来球,选好站位,左脚稍站前,击球时,以肩为轴,屈肘向后稍引拍,右肩下沉,触球中上部,借球的反弹力击球的上升期,前臂稍旋外手腕外展,拍面稍前倾(图7-75)。

要点:肘关节应贴近身体,前臂稍前迎,拍头向斜下方。

▶▶ **3. 加力推**

动作要领:加力推的击球时间比快推稍晚一些,拍略提高一些,以肩为轴,屈肘引拍向后稍下,发力时,拍形固定,手腕不加转动,充分发挥身体向前压和伸肘关节的力量(图7-76)。

图7-76　加力推

要点:触球时拍前倾,身体重心稍提起,高点期击球的中上部。

▶▶ **4. 反手减力推**

动作要领:选好站位,左脚稍前,击球前屈肘向后方偏上,以肩为轴,拍形稍前倾,在球上升期,挥拍向前下方触球瞬间停止挥拍,以减弱发力(图7-77)。

图7-77　反手减力推

要点:随势在必行挥拍动作是向后收回。实际练习:

(1)原地颠球(图7-78)。要求:熟悉球性。

（2）对墙推挡（图 7－79）。要求：体会手腕动作。

（3）两人对推（图 7－80）。要求：先练习中线，再练斜线与直线。

（5）技术水平不同的同学互帮互助。

图 7－78　原地颠球

图 7－79　对墙推挡

图 7－80　两人对推

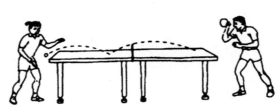

图 7－81　推一攻

练法点拨：

（1）对墙推挡是提高推挡球技术的重要手段。一般约 50 次左右方可二人对练。

（2）注意握拍，推挡时前臂外旋，转动手腕向前上方用力，在来球上升期触球中上部或中部。

（3）站位稍近台，反复体验推挡动作，建立快节奏概念。

（六）攻球

攻球是乒乓球技术中重要的组成部分，是比赛克敌制胜的重要手段。攻球包括：正手快攻、正手快拉、侧身正手攻球等。

▶▶ 1. 正手快攻

动作要领：击球前，左脚稍前，身体离台 40 厘米左右，前臂稍后引，球拍置于身体右侧后方,拍面稍前倾,手臂向左前方迎球;击球时,上臂带动前臂在球的上升期击球中上部(图7—82)。

要点:击球时,前臂在球的瞬间旋内,注意还原。

▶▶ **2.正手快拉**

动作要领:快拉与快攻动作的不同之处是引拍时,身体重心稍下降,球拍略低于球,触球瞬间撞击结合摩擦球的中部,来球下旋强烈时,触球中下部,击球时间为下降前期,触球瞬间手腕有一向上摩擦球的动作(图7—83)。

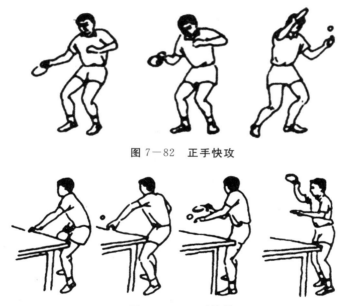

图7—82　正手快攻

图7—83　正手快拉

▶▶ **3.侧身正手攻球**

动作要领:首先要迅速移动脚步到侧身位置,身体侧向球台,左脚稍前,上体略前倾并收腹。根据来球情况,在侧身位置用正手攻球的各种技术击球(图7—84)。

图7—84　侧身正手攻球

实际练习：

(1)徒手模仿练习(图7—85)。要求:体会挥臂、转腰和重心交换。

(2)一人发球,一人练习攻球(图7—86)。要求:在移动中攻球。

(3)一人推,一人练攻球(图7—87)。要求:按规定线路练习。

(4)斜线对攻、中路对攻(图7—88)。要求:按规定线路练习。

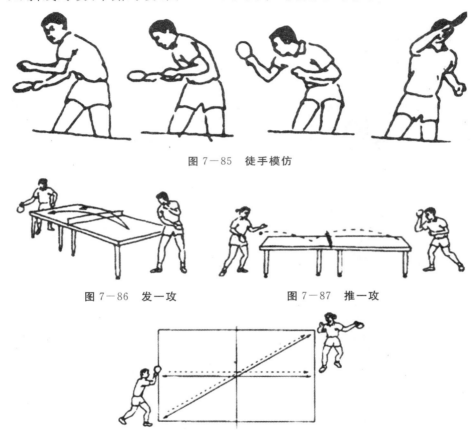

图7—85 徒手模仿

图7—86 发一攻   图7—87 推一攻

图7—88 斜线、中路对攻

(七)搓球

搓球是近台还击下旋球的一种基本技术,其技术特点:动作幅度不大,出手较快,弧线低,落点变化丰富。搓球是用下旋控制技术中的基本技术,它包括:反手慢搓、反手快搓。

▶▶ 1.反手慢搓

动作要领:击球时,利用手臂前送的力量,击球的下降期,触球的中下部向底部摩擦(图 7—89)。

要点:直拍者手腕做伸,横拍者手腕做内收。

▶▶ **2.反手快搓**

动作要领:击球前,身体靠近球台站位,拍面稍后仰,引拍至身体左前上方;手臂向左前下方迎球击球时,前臂加速向前下方用力,击球的上升期,触球的中下部借助来球的力量回击(图 7—90)。

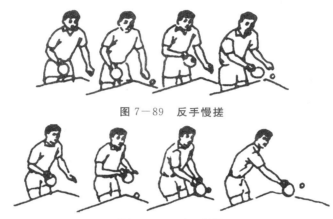

图 7—89　反手慢搓

图 7—90　反手快搓

要点:搓球过程中要有手腕动作,手臂要与身体协调一致。实际练习:

(1)徒手做模仿搓球的练习。

(2)自己向球台抛球,弹起后将球搓过网。

(3)在接发球时,将球搓回对方球台。

(4)对搓练习。

(5)各种搓球法交替练习,体会不同的手法。

二、乒乓球的基本战术

运动员在比赛中根据自己和对方的具体情况,有目的、有意识地运用技术,就构成乒乓球的战术。

(一)单打战术

▶▶ **1.发球抢攻战术**

反手发右侧上(下)旋球,至对方中路靠右近网处,伺机抢攻;反手发急上(下)

旋球,至对方左角,配合发近网短球,伺机抢攻;正手发左侧上(下)旋球,配合发转与不转球抢攻;正手高抛发左侧上(下)旋球(长、短球)至对方左角后抢攻。

▶▶ 2. 推挡侧身抢攻战术

用推挡技术压住对方反手,伺机侧身抢攻。

▶▶ 3. 对攻战术

这是进攻型打法选手互相对垒时常用的战术。主要有:紧压对方反手结合变线;连续压中路及正手;调右压左;轻重力量变化等战术,伺机抢攻;近台打(拉)回头和远台对攻(拉)及放高球的战术,以争取由被动变主动。

▶▶ 4. 攻对削战术

有拉两角杀中路;拉中路攻右(左)角;拉右(左)杀左(右);拉远台迫使对方离台远,然后放短球,扰乱对方步法,伺机扣杀。

▶▶ 5. 以削为主,削中反攻战术

以旋转和落点变化迫使对方回球偏高,伺机反攻或使对方失误;以稳削变化旋转和落点为主,适当配合反攻;连续削加转球至对方左角,然后配合送不转球至对方右角;连续削对方正手,突变削对方反手,迫使对方用搓球回接,伺机反攻,削转与不转球,配合控制落点,伺机反攻;交叉削逼两角,伺机反攻。

(二)双打战术

为了协同作战,加强配合,双打选手在发球时可用手势相互暗示发球意图,尽量为同伴创造抢攻条件,力争主动。在接发球时应以抢攻、抢拉为主。当发球或接发球后,可运用打一角的战术,迫使对方两人在一角匆忙换位,再突袭另一角;亦可交叉攻两角或长短结合的战术,打乱对方两人的基本站位、走位,从中创造进攻机会。

三、乒乓球的竞赛规则

(1)场地与器材:球台用木料或其他材料制成长 274 厘米、宽 152.5 厘米,离地面高度 76 厘米。球桌中间横放一长 183 厘米、高 15.25 厘米的球网。如图 7—91 所示。

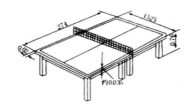

图 7—91　乒乓球台

(2)比赛项目:乒乓球比赛设男女团体、男女单打、男女双打、男女混双七个比赛项目。

(3)一场比赛:一场比赛采用五局三胜制、七局四胜制。

(4)一局比赛:以得 11 分为胜,若打到 10 平后,先多得两分者为胜。

(5)发球的次序:一局比赛中每一方运动员连续发 2 个球后,就换发球。比分打到 10 平或执行轮换发球法时,每得一分就换发球,直到这局结束。在双打时,发球和接发球次序不变,但每个运动员每次是轮发两个球,直到该局结束。

(6)合法发球:球静放于伸平的手掌心上。上抛球高度不少于 16 厘米,不得偏离垂直线 45°以上,不能使球旋转,球下降才能击球。球应先落在本方台面,然后越过网落在对方台面。

(7)合法还击:运动员必须用球拍或执拍手手腕以下部位击球,使其越过球网落在对方台面。

(8)失分:除重发球外,在每个回合中出现下列情况就判失一分。

未能合法发球和合法还击;拦击或阻挡;

连续两次击球和球连续两次触本方台区;运动员和其他物品移动了台面和触及球网;不持拍的手触击台面;

发球时运动员或同伴跺脚;

在双打中,除发球和接发球外,运动员未按正确的次序击球。

第五节　羽毛球运动

羽毛球运动是在室内外均可进行的一项小型球类活动。现代羽毛球比赛分为男子单打、女子单打、男子双打、女子双打和男女混合双打五个单项比赛。羽毛球比赛以得分定胜负,不受时间的限制。羽毛球运动是一项深受大众喜爱的体育活动,它器材设备简单,技术要求和运动量可自我控制,充满乐趣又可强身健体,所以它便于开展,男女老少都能参加。羽毛球运动又是一项竞技性很强的竞赛项目,羽毛球比赛紧张激烈,观赏性较强。在比赛中,球飞翔的快慢、轻重、高低、飘转等变化,对运动员的身体素质、智力水平要求较高,运动员必须具有较好的力量、速度和耐力,而且步法要灵活,反应要敏捷,技术要全面。

一、羽毛球的基本技术

(一)握拍

正确的握拍是各种击球动作的基础。握拍的正确与否将直接影响击球的准确性,影响技术的全面发挥和提高。握拍法有正手握拍法和反手握拍法两种。

▶▶ 1. 正手握拍法

握拍时,先用左手拿住拍子的腰杆,使拍面与地面垂直,然后张开右手掌,虎口对准拍柄侧面内沿,拇指与中指接近,食指稍分开自然放松,其他三指自然地握住拍柄。

▶▶ 2. 反手握拍法

在正手握拍的基础上,把拍柄稍向外转,食指收回,拇指的第二节内侧顶贴在拍柄的内侧棱上或面上,其他三指放松地握住球拍,手心与拍柄之间留有一定的空隙,使手腕和手指能灵活运动。

无论用哪种握拍法,在击球之前,握拍要做到松握自然,在球与球拍接触的一刹那,再紧握球拍。

(二)发球和接发球

▶▶ 1. 发球

它是羽毛球击球技术中最基本的技术。发球技术有正手和反手两种。按球在空中飞行的弧线可分为高远球、平高球、平球和网前小球四种。

(1)正手发球。以发高远球为例,左肩侧对球网,左脚在前,脚尖朝前,右脚在后,脚尖稍向右侧,身体重心在右脚上。右手的上臂和前臂同时向右肩后侧上方举起,肘部微屈,左手持球举在腹部右前方,发球时左手放球下落的同时,球拍由下而上快速挥动,拍击下落的球底。这时,球借臂力、腕力和球拍的弹力向前飞出。球击出后,球拍随惯性往左侧上方挥动,重心由右脚移至左脚,球拍快速回复至发球前位置(图7—92)。

图7—92 正手发球

发平高球、平快球、网前球的动作要领与发高远球基本相同。不同之处在于发球人的站位、球的高度与弧度、拍面发力的方向变化、速度与落点不同。

(2)反手发球。在双打比赛中运用尤为普遍。这种发球的特点是动作小、速度快和隐蔽性强,易于迷惑对方。

动作要领是:发球人站位应靠近发球线。左、右脚在前均可。身体重心放在前脚上,上体稍前倾,右手反手握拍,拍面稍后仰,置于左腰侧,手背朝网,适当抬起,肘部弯曲。左手持球,注意击球点不应过腰,要充分利用前臂带动腕、手指向前横切推送,使球落在对方场区的前发球线附近(图7—93)。

不论发何种弧度的球,都要注意发球姿势和身体重心移动的一致性,使对方不易看出你要发什么球。

图7—93 反手发球

≫≫ 2. 接发球

接发球同样是羽毛球技术中最基本的技术。掌握好接发球技术是克敌制胜的重要环节。

接发球时,站位应在本场区中间附近处,左脚在后,侧身对网,后脚跟稍提起,身体稍前倾,右手持拍在右侧身前,两眼注视对方。

（三）击球

击球是羽毛球运动的一项重要技术，只有熟练地掌握击球技术，才能积极主动地控制球速和落点，充分发挥击球的威力。

击球技术依据动作特点，一般可分为高手击球、网前击球和低手击球三种。

▶▶ 1. 高手击球

这种击球的特点是击球点高、速度快、变化多，具有一定威胁性。它是羽毛球后场击球动作的基础，在比赛中运用最多。也是快攻打法的最基本技术。

（1）高远球

高远球可分正手、反手击高远球和头顶击高远球。

①正手击高远球是将来球击得较高较远而垂直降落在对方底线附近的球。击球前，首先看准来球的方向和高度，迅速调整好位置和步法，使来球在自己的右肩前上方。成左脚在前，右脚在后，身体重心在后脚，侧身对网的准备姿势。开始击球时，右手举拍向后拉引，肘弯曲比肩略低，当球落到一定高度时，手臂迅速向上挥拍，手腕充分后屈，以肩为轴，上臂带动前臂快速向前甩动手腕。若拍面稍向斜前上方与球接触，则击出的球成平高球。若拍面向前方与球接触，击出的球成平球。击球后，手臂应顺惯性往左肩下方挥动，身体重心由后脚逐渐移向前脚（图7—94）。

②反手击高远球的要领是：当来球到左后场区时，右脚向左脚跨出一步，身体随着向左旋转，背对网，球拍由身体前举至左肩部位，用反手握拍击球。击球时先抬肘关节，以上臂带动前臂向后甩腕（图7—95）。

③头顶击高远球的准备姿势同正手击高远球，不同的是击球点在左肩上方，击球时，侧身对网并后仰，球拍绕过头顶从左上方向前挥动。主要靠前臂带动手腕的快速闪动力量才能击出快而有力的高远球。

无论击什么球，击球之前，握拍要放松自然，击球时肘关节要先行，击球点要高，动作要小，小臂与手腕闪动要快，爆发力要强。

图7—94　正手击高远球

图 7—95　反手击高远球

（2）吊球

把对方击来的高球，还击到对方网前区的球，叫吊球。它是组织战术配合不可缺少的重要环节，在单打战术中运用较多。吊球在后场和高球、扣球配合运用，会给对方造成很大的威胁。

吊球有轻吊、劈吊两种。轻吊带有切削动作，用力较轻，球速较慢，落点离网较近。劈吊切削动作幅度比轻吊稍大些，球速快，弧度较平，落点一般都超过前发球线，它带有假动作，与平高球配合运用，很容易打乱对方的战术。

吊球的准备姿势与击高远球基本相同，除用力不同外，在挥动球拍时，球拍面的正面向里倾斜，形成半弧形，触球时，手腕快速"闪"动。若拍击球托的右侧向左下切削即为头顶吊对角球，若拍击球托的左侧，即为反手吊球，当对方的来球弧度较高时，手腕向前推送的力量要小些，而向下切削的力量要大些。当来球弧度较平时，则手腕向前推送的力量大些，向下切削的力量应小些。

无论吊什么球，击球点要高，控制好击球的力量，注意手腕的快速闪动和切削的角度，这样才能把球吊好吊准。

（3）扣杀球

把对方击过来的球，用力迅速地往对方场区下压，叫扣杀球。这种球的特点是速度快、力量大、威胁性大。它既是直接得分的主要手段之一，又是组成战术配合的有效技术。扣杀球可分为正手扣杀球、反手扣杀球和头顶扣杀球三种。

①正手扣杀球的准备姿势与正手击高远球的基本相同。不同点在于准备击球时，身体稍向后倾，选择最高击球点。当击球的刹那间，要充分伸直手臂紧握球拍，用前臂带动手腕向下猛扣。

②反手扣杀球的准备姿势与反手击高远球基本相同。不同处在于当来球落在左肩的前上方时，背朝网，右脚向左侧跨出一步，球拍由前举到左肩。当球拍触

球的一刹那,握紧球拍,用肘关节带动前臂和手腕,用力向下扣压。

③头顶扣杀球的准备姿势与头顶吊球基本相同。不同处为当来球落到头顶和左肩前上方时,利用腰腹肌和身体的力量,以肘关节带动手臂和手腕由左前方的侧转动作将球用力向下扣压。

▶▶ **2.网前击球**

网前击球一般可分为搓球、推球、钩球、扑球等。

(1)搓球

动作要领(以正手网前为例):左脚蹬地,右脚向网前跨步成弓箭步,侧身对网,重心在右脚上,手臂前伸,自然放松,击球点要高,出手要快,击球前握拍的腕部和手指要放松。在击球的一刹那,拍面与网成斜面,利用手腕的力量迅速地向前切削搓击球托的左下侧面,使球滚过网去(图7-96)。

图7-96 搓球

(2)推球

动作要领:准备姿势与网前搓球基本相同。在击球的一刹那间,拍面几乎与网平行,向前转动腕、指,利用手腕和手指的力量向前快速"闪"动,将球击到对方的底线。正手推球多靠手腕和食指的力量,反手推球多靠手腕与拇指的力量向前推动球拍。

(3)钩球

动作要领:准备姿势与网前搓球基本相同。只是在击球的一刹那,拍面向里倾斜,球拍击球托的侧面,手腕和手指同时向里钩动。当来球离网较高时,拍面可稍向下或向平行网的方向用力。如来球离网较近时,击球时拍面可稍向上方用力。

(4)扑球

动作要领:准备姿势与推球基本相同。只是当对方打来的球在网前上空时,快速举拍向前,利用小臂和手腕的力量,轻轻向下方"闪"动球拍。争取在较高的击球点把球向下压。当拍面触球后立即收回,以免触网犯规。

无论搓球、推球、钩球、扑球,都要求击球点要高,一般在网的上部,使球的落点尽可能在对方网区内。击球时要注意灵活地用手腕发力。

▶▶▶ 3. 低手击球

它是一种不可缺少的防守性技术,难度较大。运用得当,能收到以守为攻的效果。低手击球可分为挑球、平抽球和挡球三种。

（1）挑球

动作要领:准备姿势与网前推球基本相同。不同处为击球时挥拍动作小,紧握球拍,以肘关节为轴、带动手腕和手指向前上方击球。反手挑球用反手握拍法握拍,以肘关节先行,快速挥动小臂闪动。

（2）平抽球

动作要领:准备姿势与挑球基本相同。不同处为击球时拍面与地面几乎垂直,靠前臂带动手腕向前"闪"动,当球拍触球时,拍面向前击球。

（3）挡球

动作要领:半蹲姿势,身前举拍,把握好用力和方向。在击球的一刹那,紧握球拍,以手腕和手指的力量回击。挡直线时,拍面朝正前方;挡对角线时,拍面朝对角方向。若来球近身体时,采用转身动作挡球。

（四）步法

羽毛球步法有上网步法、后退步法和两侧移动步法三种。

▶▶▶ 1. 上网步法

站位在球场中间。当对方击网前球时,脚跟提起轻跳迅速调整身体重心。若以两步上网时,左脚先迈出一小步后蹬地,右脚紧接着迅速向前跨出一大步,以脚掌外侧和脚后跟落地滑步缓冲。左脚随即向前跟进,以协助右脚回蹬。上体侧身向前倾,两腿成弓箭步,右脚尖朝外斜。击球后,以并步或小跑步返回原来位置。若以三步上网时,右脚先迈出一小步后,左脚垫上一步或从右脚后面交叉一步,并随着蹬地。右脚紧接着迅速向前跨一大步,左脚同时向前跟进,以协助右脚回蹬。击球后,并步或小跑步回中心位置。

无论三步、二步或一步上网,最后一步都要求右脚在前,身体重心在右脚。

2. 后退步法

后退步法有正手、头顶交叉和反手后退三种,应根据来球的落点和速度灵活地加以运用。

(1)正手后退步。以并步后退步为例,当对方快击球至后场时,轻跳调整重心,然后右脚蹬地,快速向右后撤一小步,髋关节随着带动上身转体侧身向网,接着左脚并步靠近右脚跟,右腿再向后移至击球位置。在移动中,做好挥拍击球的准备,待来球在右肩上方下落时,做正手原地或跳起击球。击球后用并步或小跑步回中心位置。

(2)头顶交叉后退步。准备姿势与正手后退步基本相同。不同处为第一步右脚蹬地后撤向左后方,上身随着右腿向左后方转体的幅度大小,上体向左后仰,左脚后退一步体后交叉,右腿再移至来球位置,能头顶击球。

(3)反手后退步。准备姿势与正手后退步法基本相同。只是当对方来球到反手底线时,右脚并步移向左脚后跟,身体随之向左后侧转,然后右腿蹬地,左脚向左后方撤一步,背对网,右脚从左脚前向左后方跨步到击球位置,做反手击球动作。

无论采用何种后退步法,最后一步都必须是右脚在后,身体重心落在右腿上。

二、羽毛球的战术

战术是根据对手的技术、打法、体力和思想意志等因素,从发挥自己的长处,弥补自己的短处出发,为争取比赛胜利而采取的各种策略。

(一)单打战术

(1)发球抢攻。即从发球的第一拍起,争取控制对方,攻杀得分。一般以发网前低球结合平快球、平高球,争取第三拍主动进攻。

(2)攻后场。对后场还击力量较差的对手,可以攻后场底线两角,乘机进攻。

(3)攻前场。对基本功差的选手,可将其引到网前,争取得分。

(4)打四方球。若对手步法较慢,体力稍差,技术不全面,可以快速准确的落点攻击对方场区的四个角落,伺机向空当进攻。

(5)杀吊上网。当对手打来后场高球,先以杀球配合吊球把球下压,落点要选择在场区的两条边线附近,使对手被动回球。若对手还击网前球时,迅速上网搓球、勾球或平球,创造在中后场大力扣杀的机会。

(6)守中反攻。先以高远球诱使对方进攻,在对手强攻不下、疏于防守时,即可突击进攻,或在对手体力下降、速度缓慢时,再发动进攻。

(二)双打战术

(1)发球、接发球战术。双打的发球往往是决定胜负的关键。发球要根据对方情况,选择好站位,注意球路、落点的变化,争取主动。因双打的发球线比单打短 76 厘米,不利于发高球,往往以发网前球为主。接发球时如判断起动快,有较好的出手手法,常可以扑球使对方被动,或是以搓、推获得主动进攻的机会。

(2)攻人(2 打 1)。集中攻击对方有明显弱点的队员。当另一队员前来协助时,露出空隙,可攻空隙;若另一名队员放松警惕时,可攻其不备。

第三,攻中路。当对方处于并排防守站位时,可攻对方两人的中间。当对方前后站位时,就可把球下压或轻推在两边线半场处。

(4)攻后场。遇到后场扣杀能力差的对手,可采用平高球、推平球、接杀挑底线,把对方一人紧逼在底线两角移动。当对手被动还击时,大力扑杀。如另一对手后退支援时,即可攻网前空当。

(5)后攻前封。当本方处于主动进攻前后站位时,后场队员逢高球必杀,迫使对手接杀挡网前,为本方前场队员创造封网扑杀机会。前场队员要积极封锁前场,迫使对方被动挑高球,遇挑高球不到后场,就会为本方创造得分机会。

(6)守中反攻。在防守中寻找反攻的机会,以达到摆脱被动转为主动进攻的局面。待到有利时机就运用反抽或挡网前回击对方的杀球,从守中反攻,争得主动权。

三、羽毛球的比赛规则

(一)场地与器材

场地为长方形,长 13.4 米,双打宽 6.1 米,单打宽 5.18 米,场地包括各线宽度。网高 1.55 米,网中央 1.524 米,网长 6.1 米,宽 0.76 米,如图 7-97 所示。

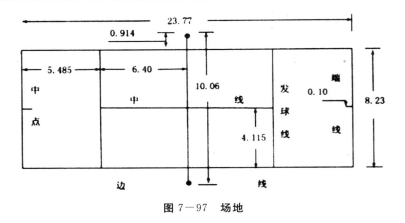

图 7—97　场地

(二)决定比赛胜负与计分

羽毛球比赛均采用三局二胜制。除女子单打每局 11 分外,其余每局均为 15 分。不论是单打还是双打,除女子单打外,当双方比分打到 14 平时,先得 14 分一方有权选择再赛 3 分或按规定打满 15 分。女子单打则是比分打到 10 平先得 10 分一方可选择再赛。获准再赛时的比分从 0 比 0 开始报分。

(三)交换场地

每赛完一局或再决胜局中某方先得 8 分(15 分为一局)。女子单打先得 6 分 (11 分为一局)时,双方交换场地,由上局胜方发球。

(四)得分和换发球

只有发球方胜球,才能得分,输球不失分换为对方发球。接发球方胜球不得分,只获得发球权。

(五)发球方位

单打比赛中发球方分数为零或偶数时,双方应在右发球区发球和接发球。分数为奇数时,双方应在左发球区发球和接发球。双打中每方有两次发球权(每局开始发球的一方只有一次发球权),每次换发球时,无论得分情况如何,均从右区先发球,发球方得分,交换方位继续发球,只要一方继续发球,就要在两发球区交替发球至斜对方的发球区,但双方方位不变。两次发球权失去后,换对方发球。

（六）重发球

在下列情况均判为重发球：发球时已挥拍，但没有击中球；球过网时停置在网上或虽已过网但挂在网上；发球方位或顺序错误；球在飞行时羽毛与球托分离；裁判员未报完比分就将球发出；发球时双方同时违例；遇有外界干扰时；裁判员不能作出判决时。

（七）合法发球

发球时（球与球拍接触的瞬间），球的任何部分与拍的击球点不得高过发球员的腰部。球拍顶端虽未向下，整个拍框应该明显低于握拍的整个手部。两脚或任何一脚不得移动或离地，也不得踏线。发过去的球应落在规定的对方区域。

（八）合法击球

击球时不得连击、持球、过网击球。

第八章　健美操

第一节　健美操概述

一、健美操的含义

健美操是在音乐伴奏下，以身体练习为基本手段、以有氧运动为基础，以增进健康、塑造形体和娱乐为目的的一项体育运动。

健美操起源于传统的有氧健身运动，是有氧运动的一种，主要锻炼练习者的心肺功能，是有氧耐力素质的基础。健美操不仅突出动作中"健"和"力"的特点，而且更强调"美"。随着现代物质文明的提高，人们花钱买健康的观念不断增强，健美操运动在我国越来越受到欢迎，已成为人们现代文明生活不可缺少的组成部分。

（一）健身性健美操

健身性健美操练习的主要目的是"锻炼身体、保持健康"。健身性健美操的动作简单，实用性强，音乐速度也较慢，且为了保证一定的运动负荷和锻炼的全面性，动作多有重复，并均以对称的形式出现。健身性健美操的练习时间可长可短，在练习的要求上也可以根据个体情况而变化，在保证安全的基础上，达到锻炼身体的目的。

健身性健美操按练习形式可分为徒手健美操、轻器械健美操和特殊场地健美操三大类。

（二）竞技性健美操

竞技性健美操是在健身性健美操的基础上发展而产生的。竞技性健美操的主要目的是"竞赛"，其比赛项目有男单、女单、混双、三人和六人。竞技性健美操在参赛人数、比赛场地、成套动作的时间、动作的完成、难度动作的数量等方面都必须严格按照规则进行。由于竞赛的主要目的就是取胜,因此在动作的设计上更加多样化,并严格避免重复动作和对称性动作。

除了健身性健美操和竞技性健美操,在我国还有一种表演性健美操。表演性健美操的主要练习目的是"表演",它是事先编排好的、专为表演而设计的成套健美操,时间一般为 2~5 分钟。

二、健美操的发展

(一)世界健美操运动的发展

健美操的发展和人们追求健康有关。社会发展,科学进步,人们的体力活动减少,脑力工作增加,生活水平提高,但同时也带来了一系列的健康危机,比如压力增加引起的各种心理问题等,这使人们逐渐认识到健康的重要性。人们也开始通过多样的健身方式来维护身心健康,如跑步、打球、骑自行车等,健美操正是在这种大环境下产生并发展的。

健美操本身的项目特点促进了健美操运动的发展。健美操动作具有健、力、美的特征,动作丰富、变化多样,还包含着较高的艺术因素,不仅健身效果好,还能够满足人们的爱美心理,其强烈的音乐节奏令人兴奋,催人奋进,使人们在轻松、欢快的气氛中达到锻炼身体的目的。另外,健美操锻炼所需的场地器材简单、练习形式多样,适合各年龄层次人群参与。

(二)我国健美操运动的发展

世界性的健美操热传到我国是在 20 世纪 80 年代初。1981 年至 1983 年,在健美操传入我国初期,不少高校教师陆续在报纸杂志上刊登了一些介绍健美操、探讨美育的文章,并编排了一些健美操成套动作,如"女青年健美操""哑铃健美操""形体健美操"等。

为了推动全国大学生健身性健美操的开展,中国大学生体协健美操艺术体操分会决定每年在大学生中推广一套由协会审定的健身性健美操。

与此同时,表演性健美操和竞技性健美操也开始在学校中出现,而高校良好的师资和场馆条件又为竞技性健美操的普及奠定了基础。每年不少高校都组织参加各种形式的全国健美操比赛。如今,高等院校已成为我国竞技性健美操发展的重要基地。

第二节　健美操基本动作

一、健美操基本动作概述

(一)上肢动作

▶▶ **1. 手型**

(1)五指并拢式:五指伸直并拢,大拇指微屈。

(2)五指分开式:五指用力伸直张开。

(3)立掌式:五指伸直并拢,手掌用力上翘。

(4)屈指掌式:五指自然弯曲张开,手掌用力上翘。

(5)拳式:握拳,大拇指在外,指关节弯曲并紧贴食指和中指。

无名指、中指自掌指关节处依次弯曲,大拇

▶▶ **2. 手臂动作**

(1)自然摆动:屈肘前后摆动。大、小臂折叠角度不变,以肩关节为轴摆动。

(2)臂屈伸:上臂固定,肘屈伸。臂屈伸快速、有力,肩关节固定。

(3)屈臂提拉:臂由下提至胸前平屈。臂屈伸快速、手臂平。

(4)直臂提拉:臂由下提至前平举或侧平举。手臂提拉速度快,手臂平。

(5)胸推:屈臂由胸部向前、侧推成直臂。手臂推时速度快,掌根用力。

(6)肩上推:屈臂,由肩侧向上推成直臂。手臂推时速度快,掌根用力。

(7)冲拳:屈臂握拳,由腰间向前或向上用力伸臂。肩关节固定,冲拳速度快。

(二)下肢动作

健美操运动的基本步法体现了健美操练习者下肢的基本姿态。根据动作的特点及运动强度差异,下面介绍一些在健美操中比较常用的基本步法。

▶▶ **1.无强度动作**

(1)半蹲:向侧一次,向侧两次,转体。两腿并拢或分开稍大于肩宽,脚尖稍外开,同时屈指。膝关节弯曲的角度不超过90°,屈膝时,膝关节与脚尖同方向,并且膝关节的垂线不得超过脚尖,臀部向后,上体稍前倾。

(2)弓步:向左向右的弓步、移重心的弓步、移动的弓步、转体的弓步、跳的弓步。一腿屈膝,一腿伸直。身体重心在两腿之间,膝关节弯曲的角度不超过90°,并且该关节的垂线不得超过脚尖。

▶▶ **2.低强度动作**

(1)踏步:原位踏步、移动踏步,转体踏步。两脚依次抬起,依次落地。在落地时,踝、膝关节有弹性地缓冲。

(2)走步:向前走步、斜前45°的走步,弧形走步。向前踏步时,脚跟先落地,然后过渡到全脚掌;向后踏步时相反。基本上同踏步。

(3)一字步:向前一字步、斜前45°一字步。向前一步,后脚并前脚,然后向后一步,前脚并后脚。前后都要有并腿的过程,两膝始终有弹性地缓冲。

(4)V字步:有平移的、转体的和小幅度跳的正"V"字步和倒"V"字步。一脚向斜前方迈一步,另一脚随之向另一斜前方迈一步,成一条平线,两脚开立,然后再依次收回。两脚之间的距离略比肩宽,屈膝,身体重心在两腿之间。

(5)并步:原位的并步、移动的并步("之"字并步)、转体的并步。一脚向侧迈一步移重心;另一脚随之并拢,屈膝点地。两膝自然屈伸,有一定的弹性,身体重心随之移动。

(6)点地:原地点地、移动点地、转体点地。一腿伸出,脚尖或脚跟着地,另一腿稍屈膝站立。点地时,有弹性地点地,腿自然伸直。

(7)吸腿:原地吸腿、移动吸腿跳、转体的吸腿跳。一腿屈膝上抬;另一腿稍屈膝站立。大腿与地面平行;小腿自然下垂;主力腿屈膝缓冲;背部挺直。

▶▶ **3.高强度动作**

(1)弹踢腿跳:原地的弹踢腿跳、移动的弹踢腿跳、转体的弹踢腿跳。一腿跳起;另一腿经屈膝向前下方伸直。弹踢腿不用很高,但要有控制。

(2)后踢腿跳:原地的后踢腿跳、移动的后踢腿跳、转体的后踢跳。两腿依次经过腾空,一腿落地缓冲,另一腿后屈上抬,两臂前后自然摆动。落地时,踝、膝关节有弹性地缓冲,脚后跟着地。

(3)开合跳:原地的开合跳、移动的开合跳、转体的开台跳。由并腿跳起成左右分腿落地,再由分腿跳起成并腿落地。分腿时,两脚尖外开,膝关节沿脚尖方向弯曲;并腿时,屈膝缓冲。

二、学习提高阶段

(一)躯干基本动作

(1)胸部动作。含胸、展胸、振臂胸。练习时收腹、立腰。

(2)腰部动作。屈、转、绕和绕环。腰前屈、转时,上体立直;腰绕和绕环时,速度放慢。

(3)髋部动作。顶髋、提髋、摆髋、绕、绕环髋、正髋行进、反髋行进。髋部练习时,上体放松。

(二)基本步伐

▶▶ **1. 低强度动作**

(1)交叉步:平移的交叉步、转体的交叉步和幅度跳的交叉步。一脚向侧迈一步,另一脚在其后交叉,随之一脚再向侧迈一步,另一脚并拢;重心随之移动。脚落地同时屈膝缓冲,身体重心随着脚的迈出而移动。

(2)漫步:向前的漫步,转体的漫步。一脚向前迈出,重心随之前移,另一脚稍抬起后落下,重心后移,前脚随之后撤落地,重心继续后移,另一脚稍抬起后落下;身体重心随动作灵活地前后移动。

(3)后屈腿:迈步后屈腿、转体后屈腿。一腿站立,另一腿后屈,然后还原。主力腿有弹性地屈伸,后屈腿的脚后跟尽量靠近臀部。

(4)吸腿类:原地吸腿、移动吸腿跳、转体吸腿跳。一腿屈膝上抬;另一腿稍屈膝站立。大腿与地面平行,小腿自然下垂,主力腿屈膝缓冲,背部挺直。

(5)踢腿类:原地(弹)踢腿跳,移动(弹)踢腿跳,转体(弹)易腿跳。一腿站立,另一腿加速上摆。主力腿稍屈膝缓冲,脚后跟紧贴地面,摆动腿直膝上摆,背部挺直。

▶▶ 2. 高强度动作

(1)弹踢腿跳:原地弹踢腿跳、移动弹踢腿跳、转体弹踢腿跳。一腿跳起,经屈膝向前下方伸直。弹踢腿不用很高,但要有控制。

(2)点跳:原地点跳、移动点跳、转体点跳。一腿向侧小跳一次,另一脚随之并拢,两腿垫步跳一次。两脚轻快起跳落地,身体重心随之平稳移动。

第三节　健美操基本技术

健身性健美操的基本技术主要有落地技术、弹动技术、半蹲技术和身体控制技术。所有这些技术要求都是从保证练习安全性的角度出发的。其中,落地技术、弹动技术和半蹲技术实际上是紧密联系在一起的。

一、落地技术

健身性健美操的落地技术为:落地时,由脚跟过渡到全脚掌,或由前脚掌过渡到全脚掌,然后迅速屈膝——屈髋缓冲。所有动作在瞬间依次完成,用以分解地面对人体的冲击力。同时,躯干与手臂保持良好的姿态,肌肉用力以保持动作的稳定与控制。

二、弹动技术

健美操的弹动主要依靠踝关节、膝关节、髋关节的屈伸缓冲而产生,它的主要作用是减少运动对关节的冲击力,从而减少对人体造成的损伤。值得注意的是在屈伸的过程中,腿部的肌肉要协调用力才能有效地防止损伤,从而产生流畅的弹动动作。

三、半蹲技术

半蹲时,身体重心下降,臀部向后下 45°方向用力,膝关节不应超过脚尖,腰腹、臀部和大腿肌肉收缩,上体保持正直,重心在两腿之间,起落要有控制。分腿半蹲时,脚尖自然外开。应特别注意:膝关节弯曲的方向要与脚尖的方向一致,保持自然关节的正确位置,避免脚尖或膝关节内扣或过度外开,以及膝关节角度小于 90°的"深蹲"。

四、身体控制技术

健美操的身体姿态是根据练习的安全性和现代人体与行为美的标准而建立的。首先在整个非特殊条件下的运动过程中,身体应该保持自然挺拔、头部稍稍昂起的姿态,颈椎、胸椎、腰椎处于正常生理曲线的位置,并始终保持腰腹和背部肌肉收缩,避免因腰腹部位的摆动和无控制而可能引起的腰部损伤。四肢的位置根据具体的动作要求和练习者的个体情况而定,但无论肢体的位置如何变化都应有所控制,避免"过伸",尤其是无控制的"过伸",这是造成运动损伤的重要原因。总之,健美操练习过程中的身体姿态取决于肌肉用力的感觉和程度,总的动作感觉应是有控制但不键硬、松弛但不松懈。

第四节　健美操竞赛规则

一、比赛项目

男子单人、女子单人、混合双人、三人(性别任选)、六人(性别任选)。

二、比赛时间

成套动作的时间为 1 分 45 秒,有加减 5 秒的宽容度。

三、比赛音乐

必须配合音乐完整地表演成套动作。任何适合竞技健美操运动的音乐风格,均可被采用。比赛速度在 24 拍/10 秒以上;音乐前奏不得超过 2 个 8 拍(国内)。

四、比赛着装

(1)正确的健美操服装不含任何透明材料且着装不得露出内衣。

(2)女装可有或无长袖,袖口止于腕处。女运动员身着一件套带有肉色或透明连裤袜的比赛服,不允许穿上部躯干分离的(两件套)服装或上部躯干仅用绳带连接的服装。前后领口的开口必须得体,前面不低于胸骨中部,后面不低于肩胛骨。腿部上缘的开口必须在腰部以下并遮住骨骼。

(3)男装只允许特定的男装式样。

(4)禁止穿有描绘战争、暴力、宗教信仰为主题的服装。

五、比赛场地

(一)赛台

赛台高 80～140 厘米,后面有背景遮挡。赛台面积不小于 14 米×14 米。

(二)竞赛地板和竞赛区

地板必须是 12 米×12 米,并清楚地标出 7 米×7 米的单人、混双、三人的比赛场地,以及 10 米×10 米的集体六人场地,并用 5 厘米宽的黑色标记带做边线(该带宽度包括在比赛场内)。

(三)座位区

艺术裁判、完成裁判和难度裁判坐在赛台正前方;视线裁判座位安排在赛台的两个对角;高级裁判组和裁判长坐在艺术裁判、完成裁判和难度裁判正后方的高台上。

六、裁判

(一)裁判组成

世界与洲际健美操锦标赛的裁判组由 14 人组成(我国各级各类竞技健美操

可参照）：艺术裁判 4 人，完成裁判 4 人，难度裁判 2 人，视线裁判 2 人，计时裁判 1 人，裁判长 1 人。

（二）职责

（1）艺术裁判：评价成套动作的创编评分（评价标准有 5 项，每项 2 分，总分 10 分）。

（2）完成裁判：完成情况的评分，包括技术技巧、合拍与一致性。10 分评起。

（3）难度裁判：使用 NC 官方速记符号记录全部成套动作的难度动作。数出难度动作的数量。

七、评分

（1）艺术分：4 名艺术裁判去掉最高分与最低分，所剩分数的平均分为最后完成分（两个中间分有允许的分数范围）。

（2）完成分：4 名完成裁判去掉最高分与最低分，所剩分数的平均分为最后完成分（两个中间分有允许的分数范围）。

（3）难度分：2 名难度裁判一致同意的分数为最后得分，若意见分歧则取平均分。

（4）总分：艺术分＋完成分＋难度分＝总分

（5）最后得分：从总分中减去难度裁判、视线裁判与裁判长的减分为最后得分。

八、队形

各项比赛的队形变化次数要求是：混双最低 3 次，三人最低 5 次，六人最低 6 次。

参考文献

[1]王全法,王政.大学体育理论与实践[M].苏州:苏州大学出版社,2017.

[2]程明吉,解煜.大学体育教育理论知识与运动实践研究[M].长春:吉林大学出版社,2017.

[3]明秋云.大学体育理论与实践[M].长春:吉林美术出版社,2017.

[4]马金红.大学体育理论与实践艺术[M].长春:吉林美术出版社,2017.

[5]董青,王洋.大学体育理论与实践教程第3版[M].北京:对外经济贸易大学出版社,2017.

[6]王文霞,李金平,雷城如.大学体育健康理论与实践教程[M].北京:教育科学出版社,2017.

[7]大学体育"课内外一体化"的理论与实践[M].长春:东北师范大学出版社,2017.

[8]陈妙华,黄瑞坤.大学体育[M].厦门:厦门大学出版社,2017.

[9]陈旸.大学体育[M].湘潭:湘潭大学出版社,2017.

[10]刘静民,李晓甜.大学体育与健康[M].上海:同济大学出版社,2017.

[11]许水生.大学体育理论与实践第2版[M].哈尔滨:哈尔滨工程大学出版社,2018.

[12]赵洪明,张力彤,吕然.大学体育理论与实践[M].北京:电子工业出版社,2018.

[13]孙仟.大学体育理论与实践教程[M].哈尔滨:东北林业大学出版社,2018.

[14]王健.大学体育理论与实践教程[M].长春:吉林大学出版社,2018.

[15]谢山,张军,罗祥凯.大学体育理论与实践教程[M].武汉:华中师范大学出版社,2018.

[16]王志强,牛建宇,廖本露,等.大学体育理论与实践教程[M].成都:电子科技大学出版社,2018.

[17]李刚.大学体育健康理论与实践教程[M].北京:北京体育大学出版社,2018.